【文庫クセジュ】

文明の交差路としての地中海世界

ブーシュラ・ラムゥニ・ベンヒーダ／ヨゥン・スラウィ著
吉田敦訳

白水社

目次

はじめに

地中海世界は、キリスト教、ユダヤ教、イスラム教の三大宗教の「揺籃《ようらん》の地」であるとともに、数々の文明がせめぎ合い、対立しあった地域でもあった。先進国と途上国の間の経済的、社会的な格差と相互依存、偏在する天然資源をめぐる地政学的な攻防、民族や宗教の違いゆえに繰り返される戦争や紛争——まさに、地中海は、文明間の「せめぎ合い」と「対立」の歴史的な震源地であり続けてきた。同時に、地中海世界は、近代的な進歩や繁栄の周縁に置かれてきた地域でもあった。これは近年の地中海をめぐる地政学的な地殻変動をみれば明らかである。地中海の南側諸国では、北アフリカを中心とした「アラブの春」が発生し、北側諸国では、ギリシアに端を発する国家財政の破綻の危機が顕在化し、現在も世界を揺るがし続けている。

このように地中海世界は、人種、生活、文化、経済のあらゆる面において多様性に満ちた歴史的な文明圏であり、その繁栄を分かち合うに足る「理想的な共有地」でもある。その一方で、「対立」の歴史がそうであったように、他者に対する恐れを増幅させる「触媒としての役割」を果たす地でもある。

地中海を発祥とし、歴史にその名を馳せたギリシア帝国、ローマ帝国、オスマン帝国、ムワッヒド朝の地中海文明は、科学、都市文化、また暮らしの芸術《アール・ド・ヴィーヴル》の分野で痕跡を留めながら、現代の我々の生活の深いところで息づいている。

また、地中海の両岸で歴史的に形成されてきた深い「断絶」と、両岸を結びつける地政学的な力学の「不在」——この難問の解決に向け、地域統合という新たな息吹も吹き込まれようとしている。地中海世界の発展には、懐疑主義に陥らない着実な進歩こそが鍵を握っている。経済的なキャッチアップを実現し、市民社会が底力を発揮できれば、地中海で暮らす人々を結集させるような力強い地中海共同体を生みだすことも不可能ではないだろう。

本書の目的は、地中海世界の地政学的な位置づけと経済的な特質を析出しつつも、地中海地域に通底する世界観や基本的特徴を理解することにある。本書の内容は、地中海世界の分裂と統一の歴史とその地政学的な位置づけ、近代化と民主化の波に揺れる「アラブの春」の論理《ロジック》、エネルギー・水資源をめぐる地中海諸国の地理的戦略と経済的な展望、さらには、「ソフトパワー」（金融、情報・通信、メディア、教育等）から人々の生活様式に至るまでの地中海世界の総括的な理解を読者に促すように構成されている。抽象的な理論だけでなく、地中海世界の識者の具体的な見解を加えるべく短いコラムも挿入し、具体的な事例紹介や解読もおこなった。本書の執筆にあたりコラムの協力を得た、ユーセフ・アムラニ、アンドレ・アズレー、ターミ・ゴルフィの諸氏に感謝の意を表したい。

第一章　地中海世界の形成——分節化から地域統合へ

南北両岸に広がる地中海世界は、多様性に富む文化、社会、経済を育んできた地域であり、その歴史のなかで統一に向けた数々の外交や戦略が試みられてきた。近年では、ヨーロッパ世界と中東・アフリカ世界の南北間で深く刻まれた「断絶」を解消すべく、「地中海連合」（UPM）のような信頼と対話を醸成するための新たな政治的イニシアティブが試行されている。

一　地理的制約を越えた地中海世界

地中海地域の西端ジブラルタル海峡から東部レバント〔古くは、ギリシア、トルコ、シリア、キプロス、レバノン、イスラエル、エジプトを含む地域を示すが、現代では、シリア、レバノン、ヨルダン、イスラエル（およびパレスチナ自治区）を含む地域を指すことが多い〕までは、距離にして三八〇〇キロメートル、面積では三〇〇〇万平方キロメートルの地域が広がっている。この広大で、特殊な地理的条件を備えた地中海世界は、ヨーロッパ、アフリカ、アジアという三大陸の結節点としての役割を担ってきた。

大西洋、紅海、インド洋、黒海との地理的接点は、それぞれ、ジブラルタル海峡、スエズ運河、ボスポラス海峡、ダーダネルス海峡によって結びつけられており、さらにそれは、シチリア海峡を境にして東洋と西洋が向かいあわせとなっている。地中海世界の最大の特徴のひとつは、大西洋、紅海、インド洋、黒海という四つの大海が流れ込む要衝としての役割を担っていることであろう。具体的な例を挙げれば、ジブラルタル海峡では、世界の商業海運貨物量の三〇パーセントに相当する年間七〇〇〇隻もの船舶が通過しており、原油の海上輸送の二八パーセントが地中海を経由している。

七世紀にセビリアのイシドールス[1]が名づけたように、地中海は、ラテン語で「地球の中心の海」（*Mediterraneum mare*）〔ラテン語の *mediterraneus* は *medius*「真ん中」＋ *terra*「大地」で構成される〕を語源と

（1）五六〇年頃にカルタヘナで生まれ、六三六年四月四日に死没した。七世紀のセビリア（ヒスパニア）大司教であり、『語源』などの総合的著作を遺した。

している。イブン・ハルドゥーン[2]は、この陸地にかこまれた海を「キリスト教徒の海」（*Bahr al Roum*）もしくは、「レバントの海」（*Bahr al Sham*）と呼んだ。ハルドゥーンの呼称は、まぎれもなく地中海世界の「不均質性」を意味している。それは、北側大陸と南側大陸に常に分裂し、区分される。地中海世界はそうした特色を持っている地域でもあるだろう。地中海世界の周縁部では、多様な文化圏と分節化された地域圏が混在している。地中海の北岸に位置するのは、政治的、経済的、文化的、言語的に異なる文化圏の共存、すなわち、黒海とバルカン半島を中心とする文化圏と、フランス、イタリア、スペインのラテン系の文化圏が並存している。一方で、地中海の南岸には、大きくマグレブ、マシュレクの二つの主要地域で形成されている。

歴史家ポール・バルタは、このような分節化された地中海世界のイメージを、円環状に描きだすことに成功し、六つの沿岸部で区分している[3]。プラトン学派であったポール・バルタは、地中海をひとつの大きな「水たまり」に見立て、その周りを「カエル」がとり囲んでいるようなイメージで地中海世界を描いてみせた[4]。六匹の「カエル」は、地中海の北西部沿岸地域、東部沿岸二地域、北東部沿岸地域、南東部地域、南西部地域の六地域と呼応している。地中海の東部及び南東部沿岸地域は、マシュレク「日が昇るところ」と呼ばれ、南西部沿岸地域は、マグレブ（マグリブ）「日が没するところ」と呼ばれている。後述する「ＥＵ・地中海パートナーシップ」（ＰＥＭ）構想においては、これらマシュレク諸国とマグレブ諸国は、「地中海の第三世界」[5]（ＰＴＭ）として位置づけられている。

地中海の多様性は、幾度となく強調され、指摘されてきたが、地中海世界は、決して小規模な異なる地域が「寄せ集まった地域」ではない。地中海の沿岸に位置する複数の小規模地域《サブ・リージョン》が相互に協力しあい、豊かな相互交流を通じて地中海世界が形成されてきたのである。

「断絶」と「分断」という言葉で表わされる地中海世界という空間は、同時に、「統一」と「相互交流」という相反する概念によって描きだすこともできる稀有な地域として捉えることができるのである。

（2）一三三二～一四〇六年、歴史家、思想家、社会学、法学者、教育者、そして政治家であり、中世イスラームを代表する学者。

（3）北西部沿岸地域は、ラテン語文化圏に属する。北東部沿岸地域は、旧ユーゴスラビアからアルバニアを経由してギリシアまでの広大な地域である。トルコは、ヨーロッパ・アジア圏として位置づけられ、東洋と西洋をつなぐ結節点としての役割を果たしている。いわゆる肥沃な三日月地帯では、シリア、レバノン、ヨルダン、パレスチナ、イスラエルを含んでいる。南東部沿岸地域は、エジプトを指し、南西部沿岸地域は、モロッコからアルジェリア、チュニジアを経て、リビアへと至る地域であり、モーリタニアも一部含められる。

（4）***Phédon.***

（5）モロッコ、チュニジア、アルジェリア、エジプト、レバノン、シリア、ヨルダン、パレスチナ自治区を指す。

二　地中海世界とは何か？――地中海空間の「不均質性」と「分断化」

地中海世界の沿岸諸国を見まわしてほしい。そこには、先進国、新興国、発展途上国という、経済発展レベルの不均質な国々が、ひとつの地域におさまっていることがわかる。南北間の不均質性は、明白な事実であるが、経済発展や成長レベルが高いのはヨーロッパ（地中海北部）地域固有の現象ではなく、現実にはモザイク状の地理的不均質性が散見される。例えば、南東及び南西部沿岸地域[6]は、トルコやイスラエルのようなアラビア語を公用語としない、経済的にも一定程度発展した諸国を含んでおり、両国だけで「地中海の第三世界」全体の半分以上の経済規模に達している。

地中海世界の不均質性は、経済レベルだけに留まらない。人口面からも考えてみたい。地中海南部沿岸地域では、合計特殊出生率の平均が二以上に達しているのに対して、ヨーロッパ地域の平均は二以下（スペインやスロベニアででは一・二）であり、人口増加率が大きく異なっている。二〇二五年までの予測によれば、南部沿岸地域とヨーロッパ地域における子供の人口比率は、二対一にまで拡大する。このような北側と南側の人口比率の変化は、将来の地中海世界に大きな影響を与えることになるだろう。なぜならば、一九五〇年代までは、その関係は全く逆であり、南部沿岸地域の人口は七〇〇〇万人であったのに対して、ヨーロッパ地域では一億四〇〇〇万人に達しており、このような逆転現象が生じるようになったのは、一九八〇年代頃からである。実際、ヨーロッパにおける合計特殊出生率の低下は、将来の世代交替も危惧される事態にいたっている。

北側地域と南側地域の「関係性」の面でもアンバランスが指摘できる。南側地域は北側地域に対して、強い経済的な依存関係にある。この依存関係の第一の特徴は、北と南の貿易関係に現われている。「地中海の第三世界」におけるヨーロッパとの貿易比率は、全体の五〇パーセントを占めているのに対して、その逆（ヨーロッパにおける「地中海の第三世界」との貿易比率）は、全体の三パーセントに過ぎない。第二の特徴は、交易条件(7)の相違であり、この貿易面でのアンバランスな「関係性」をさらに増幅させている。欧州危機が発生する以前まで、ヨーロッパの「地中海の第三世界」に対する交易条件指数は、ほとんどの場合一〇〇を越えていた。

北と南とのアンバランスな経済関係の原因としては、ヨーロッパに対する「地中海の第三世界」の技

(6) モロッコ、チュニジア、アルジェリア、エジプト、レバノン、シリア、ヨルダン、パレスチナ自治区、マルタ、キプロス、イスラエル、トルコを指す。
(7) 輸出物価指数と輸入物価指数の比として表わされ、商品の交換比率を示す。指数が一〇〇を越えた場合は利得を意味し、その逆の場合には、損失を意味する。

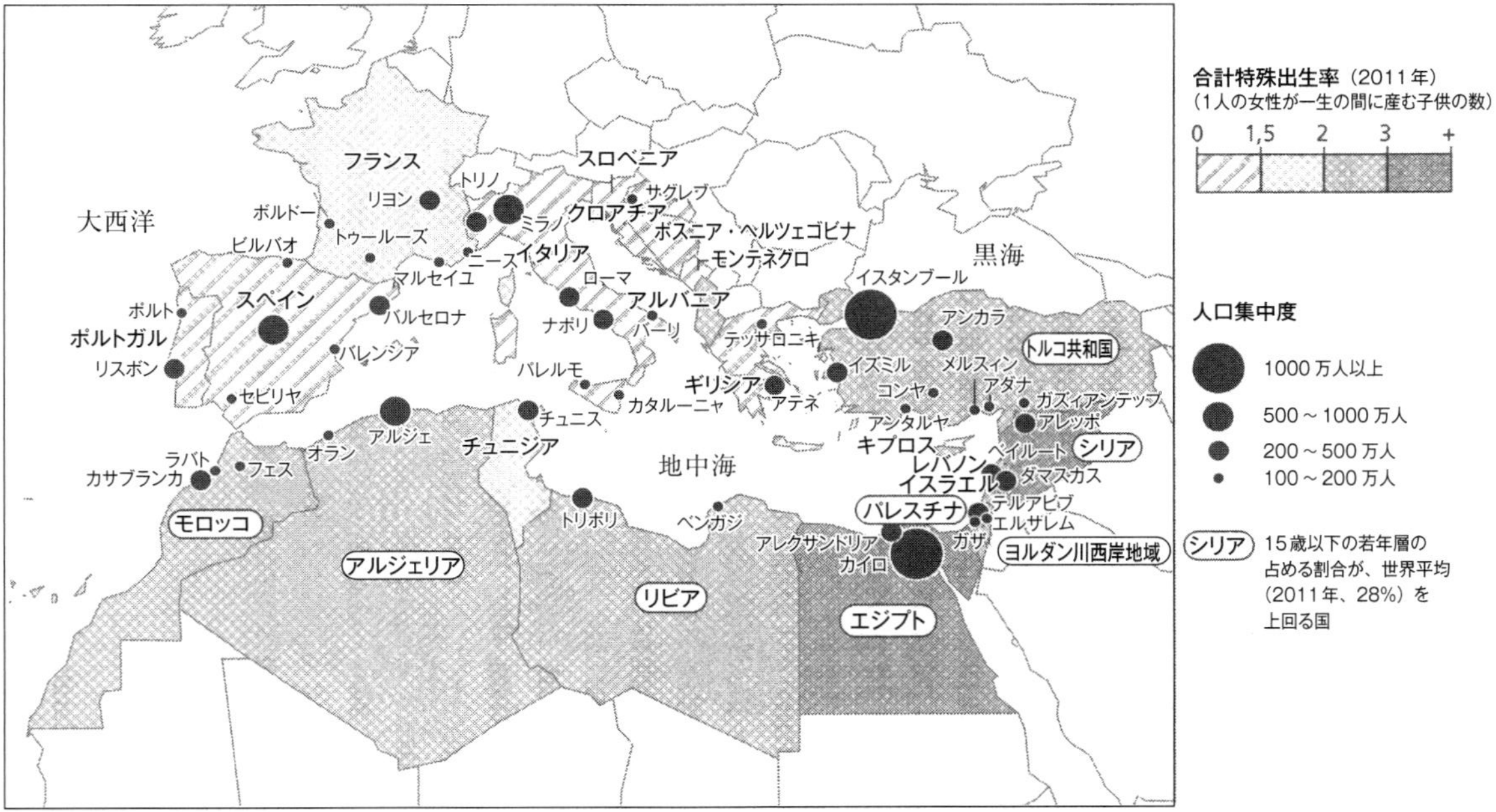
大西洋
フランス
リヨン
トリノ
ボルドー
トゥールーズ
ビルバオ
マルセイユ
ニース
ミラノ
スロベニア
サグレブ
クロアチア
ボスニア・ヘルツェゴビナ
モンテネグロ
イタリア
ローマ
ナポリ
バーリ
アルバニア
スペイン
ポルト
ポルトガル
リスボン
バルセロナ
バレンシア
セビリヤ
パレルモ
カタルーニャ
ギリシア
アテネ
テッサロニキ
黒海
イスタンブール
アンカラ
トルコ共和国
イズミル
メルスィン
アダナ
コンヤ
アンタルヤ
ガズィアンテップ
アレッポ
シリア
キプロス
ベイルート
レバノン
ダマスカス
イスラエル
テルアビブ
エルサレム
パレスチナ
ガザ
ヨルダン川西岸地域
アレクサンドリア
カイロ
エジプト
地中海
チュニス
チュニジア
トリポリ
ベンガジ
リビア
アルジェ
オラン
アルジェリア
ラバト
フェス
カサブランカ
モロッコ
合計特殊出生率（2011年）
（1人の女性が一生の間に産む子供の数）
0
1,5
2
3
+
人口集中度
1000万人以上
500～1000万人
200～500万人
100～200万人
シリア
15歳以下の若年層の占める割合が、世界平均（2011年、28%）を上回る国

術的な遅れ、科学的知識の欠如、ノウハウや研究開発（R&D）分野に対する投資の遅れなどで説明される。例えば、ドイツでは、政府予算に占める研究開発費の比率がGDPの三・五パーセントであるが、この予算額は、すべてのマグレブ諸国の研究開発費の合計額を上回っている。

また、南部地域では、内政面（民主主義、基本的自由、法の支配の度合い）においても、国ごとに大きな相違がある。南部地域の多くの諸国で、国連憲章や世界人権宣言での社会契約に基づく行為やその条項に違反している。この点においては、ヨーロッパ諸国の状況は、異なっているといえるだろう。ヨーロッパ諸国では、一定程度、市民の自由が保障され、汚職防止策が機能し、統治制度が確立された国家群と評されている。

以上のように、地中海世界の「不均質性」と「分断化」については、経済面、人口面についても、また、民主主義や人権についても、あらゆるレベルにおいて確認することができるし、その存在を認めざるを得ない。

一方で、北と南の世界を区別することは、地中海の北部地域と南部地域を異なる世界として考察し、分析対象としてしまう危険性も孕んでいる。イスラエルやトルコの地中海世界における地位は、経済的（技術水準）、政治的に特異な状況を生んでいるが、このことは同時に、地中海の南部沿岸諸国が、地中海という空間の内部で発展し、成長する可能性がゼロではないことを示している。その逆に、二〇〇八年以降のギリシアを震源とする欧州の経済危機は、ヨーロッパが常に発展を享受し、停滞や衰退とは無縁の世界ではないことを示している。

地中海世界の「不均質性」と「分断化」は、結果として移民というかたちで姿を現わすことがある。移民は、様々な状況により生みだされるが、特に政治、経済、人口面の三つの要素が引き金となって、他国に逃れたいと切望する人々を生みだしている。政治的要素としては、抑圧的な政治体制、戦争、紛争等である。経済的要素は、慢性的な貧困状況からの脱却（生活レベルの改善）である。そして増え続ける人口圧力である。特定の国で、これら三つの要素が重なりあう状況が生みだされると、爆発的な移民が発生することになる。

地中海世界の「分断化」は、フランスの哲学者・社会学者エドガール・モランによって次のように描写されている。「コーカサス山脈から地中海へとつながる活断層と符合するかのように、そこには地球上でみられるあらゆる深刻な対立が集中している。西洋と東洋、北と南、イスラムとキリスト、ライシテ〔非宗教性、脱宗教性〕と宗教、過激派と穏健派、富と貧困……」。地中海両岸を切り裂いている亀裂は計り知れないほどに深く、その奥底では、豊かな北側諸国への羨望と嫉妬が渦巻いている。

一九七〇年代のオイルショックによる経済危機以降、ヨーロッパでは、移民受け入れ制限と厳格化、それに続く外国人排斥運動の展開と大衆化、各地でみられるネオナチグループの存在など、地中海世界における「分断化」は留まるところを知らない。[8] 移民・外国人に対する非難・排斥運動が高まる一方、不法移民たちは、あらゆる区域や領域（諸島、港湾、海峡、国境地帯）で国境を越えて、ヨーロッパ大陸を目指している。不法移民がヨーロッパへ渡る際に利用する地中海の経由地は、ジブラルタル海峡、スペイン飛地領（セウタ、メリリャ）、ランペドゥーザ島、マルタ、カナリア諸島、ボスフォラス海峡などがあるが、このような地域では、不法移民を助長する様々な闇ビジネス（ビザ、就労証明、滞在許可証の発行）が横行しており、問題となっている。

「アラブの春」による政治的混乱もまた、ヨーロッパへの不法移民を増大させる要因となった。イタリアでは二〇一一年初頭に二万一〇〇〇人のチュニジア人がランペドゥーザ島へわたり、そのうち一万八〇〇〇人がヨーロッパ諸国に入国したといわれている。フランスでは、二〇一一年一月〜三月の三か月間で三二〇〇人以上の不法移民が検挙されており、その数は前年（二〇一〇年）の一年間の検挙者数と同数であった。

ヨーロッパの移民受入国では、移民問題は内政問題として片づけられることが多い。しかし、実際に

(8) 二〇一二年におこなわれたギリシアでの議会選挙では、ネオナチ政党（黄金の夜明け）が七パーセントの得票率を獲得し、社会的認知度を得るとともに、経済危機と政治的混乱に拍車をかけることとなった。

は、移民問題に関わる政策は、必然的に、近隣・周辺国の問題と関係し、その地域の地政学にも大きな影響をおよぼすことになる。不法移民の強制帰国を拒んだり、地域統合に関わる法案が否決された場合、移民の受入国と出身国間の対立は深まることになる。

「分断化」と「不均質性」によって引き起こされている不法移民問題の解決策は、どこにあるのだろうか。これまでに次の二つの政策が試みられてきた。一つは、「バルセロナ・プロセス」と呼ばれるイニシアティブである。同枠組みでは、地中海南部地域出身の不法移民の取り締まり強化を目的として、ヨーロッパ諸国とマグレブ諸国間の協力関係の構築が企図された。二〇〇四年には、ＥＵが移民分野での協力関係の更なる強化を呼びかけた。「バルセロナ・プロセス」に続く二つめの試みとしては、「地中海連合」が挙げられる。「地中海連合」では、経済支援体制の強化と南側地域に対するＥＵ国境管理を強化して、新たな不法移民対策を実施している。マグレブ諸国側も、ヨーロッパへ向かう不法移民の取り締まりと、水際対策の強化に乗りだしている。不法移民対策は、受入国側だけではなく、関係周辺国との協力のもとに取り締まりを強化することが肝要であり、移民受入国と出身国間の地政学的な微妙な立ち回りが要求されている。

文化、経済、人口規模、国家体制の多様性に彩られた地中海世界を「分断化」から「統一」へと導く第一歩は、関係周辺国との緊密な関係を構築することにかかっている。

三　地中海世界概念の変容――「分断」から「統一」へ

このような地中海世界の「分断化」を解消する試みは、第二次世界大戦以降、何度も実施されてきた。最初に想起すべきであるのは、ヨーロッパ諸国自身の試み――欧州統合に向けた歩みである。ヨーロッパ主要六カ国は、その後、近隣国である地中海南部沿岸諸国との関係強化を制度化することになる。一九五七～七二年の間、地中海の北側と南側との接近は、基本的に二国間条約に基づいていた。ヨーロッパの特定国と地中海南部沿岸諸国が二国間条約を締結するかどうかの基準は、国ごとに異なっており、国同士の親和性であったり、ヨーロッパ圏に属するか否かであった。

ヨーロッパ主要六カ国で構成される欧州経済共同体（EEC）は、周辺諸国との通商条約（一九六三年にモロッコ、チュニジア、一九七〇年にユーゴスラビア、マルタ）、連合協定[9]（一九六一年にギリシ

（9）EUと第三国間の二国間協定で、第三国への開発支援を含めた諸政策分野における協力関係の構築を定めている。また、EUへの加盟プロセスへの初期段階として連合協定の締結も実施される。

ア、一九六三年にトルコ)、特恵協定[10](一九七〇年にスペイン、イスラエル)等を締結していった。

一九七三年にはコペンハーゲンにて、「ヨーロッパ・アラブ対話」が開始され、ヨーロッパ諸国と中欧・東欧諸国(CEE)や地中海沿岸諸国との関係構築を目指すグローバルなアプローチが採用されることになった。このようなプロセスのなかで、地中海世界の北と南の「断絶」を乗り越える努力が、徐々にではあるが、着実に積み重ねられていった。そして、地中海世界の北と南を「統一」体として捉えようとする視点が生まれていった。

フランスの地政学者であるシャルル・サン＝プロによれば、一九七三年の第四次中東戦争[11]、または石油危機直後から実施されるようになったヨーロッパとアラブとの対話には、次の二つの目的があるとしている。一つは、ヨーロッパ共同体の存在価値を国際社会に広く認知させること。もう一つは、アラブ産油国との関係強化である。しかしながら、ヨーロッパが目指す方向とは裏腹に、対話は遅々として進まなかった。一九七八年に署名されたキャンプ・デービッド合意[12]が、アラブ諸国の猛反発を招いたことで、アラブとの対話は中断された。その後も、一九八三年から八九年にかけて対話の再開が試みられたが実現しなかった。一九九〇年代の湾岸危機、イスラエル・パレスチナ紛争を経て、経済的な利益を優先しようとするヨーロッパ諸国は、アラブ諸国に歩み寄りをみせるかたちでの政治的対話を実施したが、極めて限定的な対話に留まり、両陣営が正面から向き合う本格的な対話が実現することはなかった。

このような政治情勢のなかで、一九九五年にヨーロッパ二五カ国と地中海諸国一二カ国が参加し、EU・地中海諸国のパートナーシップの強化を目指す「バルセロナ・プロセス」が着手されたのである。ヨーロッパ諸国と地中海諸国のパワーバランスは極めて不均衡であるが、地中海世界全体による多国間協議としての位置づけとなるバルセロナ・プロセスでは、経済面だけでなく、政治、社会、文化、人的交流を通じたグローバルな協力関係の構築が目的とされた。「バルセロナ・プロセス」では、次の具体的な三つの主軸に即しながら、グローバルな協力関係を構築することが宣言された。

(10) 特恵協定(Accords préférentiels)とはEUと第三国との通商条約を指し、GATTの規定よりも優遇的な関税措置を設けることができる。
(11) ヨム・キプール戦争(Guerre du Kippour)。一九七三年十月六日のユダヤ暦の断食の日「ヨム・キプール」に開始された第四次中東戦争を指す。エジプトとシリアの両軍が、イスラエル軍に対して攻撃を開始した。
(12) 一九七八年九月、アメリカ大統領のジミー・カーターが仲介役となり、エジプト大統領のアンワル・アッ＝サーダートとイスラエル首相のメナヘム・ベギン首相が大統領山荘(キャンプ・デービッド)において十三日間に及ぶ交渉の末、締結された外交合意をいう。この合意に基づき、翌一九七九年には、イスラエル・エジプト間の平和条約が締結され、アラブ諸国とイスラエル間ではじめての和平を企図する条約が締結された。

経済的基軸　二〇一〇年までにＥＵ・地中海諸国間の自由貿易圏を創設する。[13] 第一段階として、ヨーロッパ諸国は地中海諸国からの輸入に対して自国市場を開放し、地中海諸国の企業が一定レベルまでの発展が実現した時点で、第二段階として、ヨーロッパの輸入に対して地中海諸国の市場を開放する。

社会的・文化的基軸　文化交流の促進、人的資源の発展、市民社会における交流促進を実施する。但し、ＥＵと地中海諸国間の社会的・文化的な交流を促進させるためには、その前提として国境を越えた「人の移動」が保障されるべきであるが、この点に関して「バルセロナ・プロセス」では触れられていない。

政治的安全保障基軸　ＥＵ・地中海地域の政治的安定と平和の確保は、最大の重要事項である。国際レベルにおいては、地中海地域での紛争・係争の早期解決が不可欠である。同時に、一国レベルにおいて、とくに基本的人権が保障されていない地中海南部地域での民主主義の確立が必要とされる。

以上の三つの基軸を実現するためには、地中海の北側と南側の両地域間が、誠意と熱意をもって協力関係の構築に取り組むことが不可欠である。具体的かつ相互に利益をもたらすような協力関係を構築できなければ、地中海南部地域には、微々たる結果しか残さない。「バルセロナ・プロセス」で提起された目標は、地中海諸国全域が抱える問題の解決を図るものであったので、不満を残す結果となった。確かに、実際に一定の成果を挙げることができた分野も存在する。それは、南南協力関係に関していくつかの具体的な協定が締結されたことである。二〇〇四年に締結されたアガディール協定では、マグレブ諸国間の産業間協力が約束された。また、EUと地中海南沿岸諸国との二カ国合意に基づく連合協定も締結された。二〇〇三年のパレルモ会議では、原産地規制(14)が適用され、二〇〇四年のイスタンブール会議では、サービス貿易に関する自由化プロセスも開始された。

それでは、EU・地中海諸国パートナーシップの限界は、どこにあったのであろうか。次のような制度的・構造的な問題が指摘できよう。

(13)「二〇一〇年までにEU・地中海地域における自由貿易地域の創設は実現できなかった。その失敗の主因は、地中海南部諸国間において、社会、及び経済・通商面での南南協力が充分ではなかったことにある。[EU議会は]この点に関して、EU・地中海地域の自由貿易地域の創設のためには、南側諸国側の統合と協力から始めなければならない、と指摘したい」二〇一二年二月十六、EU議会決議からの抜粋。

(14) 累積原産地規則。一部の部品はEU域外で生産されている場合でも、最終工程はEU域内でおこなわれた場合、EU域内の特恵関税措置を利用できる規則を指す。

● EU・地中海諸国間のパートナーシップ開始時において、EUは地中海地域だけでなく、他の諸国・地域とも同時進行的に複数の協力体制の構築を目指していたこと。例えば、欧州近隣諸国政策[15]（ENP）、バルカン半島の安定化・連合プロセス、トルコとの関税同盟、五＋五対話[16]などである。EUは、このような複数の対話・協力関係を同時進行させているため、類似の課題が複数のコンテキストで浮上することになり、「バルセロナ・プロセス」をはじめ、それぞれの政策や対話における展望・目的が不明瞭となってしまった。

● 「バルセロナ・プロセス」では、EUと地中海南沿岸諸国との二国間合意に基づく「連合協定」が優先的に形成されていったこと。このことは、EUが地中海南沿岸諸国に対して既にもっている優位性を確保し、それを強化するだけであった。同様に、欧州近隣諸国政策にしてみても、二国間協力に向けた資金集めの機能を果たしたに過ぎなかった。

● 地中海世界に共通する「文化的枠組み」が完全に欠落していた。そのため、地中海世界が共有すべき最低限のアイデンティティを生みだすことができなかった。このため、大衆の支持を得ながら地中海世界の地域統合を進めていくことが困難となった。

● EU・地中海諸国間の地域統合に向けたプロセスが進められるのとは対照的に、地中海地域における紛争・係争問題が残存し続けたこと。イスラエル・パレスチナ紛争、セウタ・メリリャの「飛び地」問題、アルジェリア・モロッコ間のサハラ地域を巡る国境紛争、キプロス問題等、地中海地域には、未解決の紛争・係争が多数存在する。このような地域紛争・係争を解決することなしに、EU・地中海地域の統合プロセスを実現することは不可能であろう。

● 違法取引（麻薬・武器）・不法移民に代表される脅威、サハラ地域で活動を続けるアルカーイダ系テロリストのリスクの顕在化。この点に関しては、近年（二〇一三年一月）、スペイン、フランス、モロッコ、ポルトガルの四カ国内相によるサミットが開始され、地中海のヨーロッパ地域を中心とした違法取引・不法移民の安全保障協力が強化されつつある。

(15) 拡大EUとその境界を接する近隣諸国間での新たな外交関係の構築を目的として実施された。基本的に二国間の政治・経済協力を軸に展開されている。

(16) 地中海諸国十カ国が参加する非公式の政治対話の枠組み。EUからは五カ国（スペイン、フランス、イタリア、マルタ、ポルトガル）、マグレブ連合から五カ国（アルジェリア、リビア、モロッコ、モーリタニア、チュニジア）が参加した。一九九〇年にローマにて、最初の外相会談が実施された。その他、各国内相による会談も実施されている。

以上のような「バルセロナ・プロセス」が不調に終わったことを受けて、地中海世界の対立の解消と和解の実現に向けた新たなイニシアティブとして、「地中海連合」（UPM）が提起された。「地中海連合」では、移民対策を含む治安・安全保障、自然環境、経済発展の三つの主軸を盛り込んだ新たな統合プロセスが開始された。

二〇〇七年にフランスのニコラ・サルコジ大統領は、現状では、EUと地中海諸国の充分な協力体制が構築されていないことを指摘し、「地中海連合」を提起した。二〇〇八年には、ドイツ政府の要請により、地中海沿岸部だけでなくヨーロッパ内陸諸国を含める意味合いを込めて「地中海連合：バルセロナ・プロセス」へと改称され、EU委員会のプロジェクト融資も組まれることとなった。同プロセスのもとでは、協力体制の呼びかけとともに、より具体的で、実現可能な経済統合プロジェクトが実施されようとしている。すなわち、再生可能エネルギーや水資源の開発、知識・文化の交流支援、新しい企業形態に対応した制度構築、自然災害への対応、といった項目が含まれている。但し、公表されているプロジェクトのスケジュールはすでに遅れが目立っており、市民社会からの支持も充分とはいえないのが現状である。

地中海世界は、依然として北（ヨーロッパ）と南（北アフリカ、中東）の「不均質性」「非対称性」を乗り越えることができず、地域的統合の道半ばにある。確かに、政治的にも、経済的にも、また社会的にも、諸国間において様々な分断状況が見られる地中海地域を成功裏に統合に導くのは、極めて困難な作業かもしれない。「地中海連合：バルセロナ・プロセス」が開始された数か月後には、イスラエルによるガザ侵攻（二〇〇八年十二月〜〇九年一月、キャストレッド作戦）が開始され、同構想は早くも行き詰まりの様相を呈した。「アラブの春」を端緒とする北アフリカの政治的変動も、政情が沈静化しない限り、同構想の阻害要因として作用し続けることだろう。いま地中海世界では、次世代の市民を中心とする新たな地域統合に向けた基盤造りが、これまで以上に必要とされている。

コラム　ＥＵ・地中海パートナーシップ・プロセスの展開と地域統合における役割

今日、ＥＵ・地中海相互の協力体制の構築は、岐路に立たされている。「バルセロナ・プロセス」では、「安定的で、繁栄を共有するＥＵと地中海地域の形成」という目的が設定され、その実現に向けて前進を続けてきたが、二〇〇八年からは「地中海連合」（ＵＰＭ）として、地中海地域に新たなダイナミズムをもたらそうとしている。しかしながら、「地中海連合」が歩みだそうとしている道のりには、終わることなく繰り広げられる政治的係争・紛争といった解決困難な課題が立ちはだかり、その行く手を阻んでいる。特に「アラブの春」以降、地中海世界の地域情勢は根底から変化した。「アラブの春」の政治変動は、地中海南沿岸諸国の人々の民主化と経済発展への希求がいかに強いものであったかを国際社会に知らしめただけでなく、その責任の一端は、ヨーロッパ（北側諸国）にも問われることになった。地中海世界の歴史的な分断状況に終止符を打ち、自由、連帯、分かち合い、良き統治《グッド・ガバナンス》の名のもとで、地域の協力体制を構築していくことが急務であることが明らかとなった。そして、最終的な目標は、地中海沿岸諸国が経済的・社会的な収斂を達成し、統一的な地中海世界を実現することに据えられている。

以上のような課題を解決するため、我々は「地中海連合」で提起されてきた具体的で実現可能な経済統合プロジェクトを前進させなければならない。但し、留意すべきであるのは、「地中海連合」と「欧州近隣諸国政策」（PEV）とを明確に区別しなければならないことである。「地中海連合」の推進にあたって、二〇一二年に「地中海連合」のEU議長と地中海南諸国議長の二議長制が施行され、EUの役割が強化されたことについて、私は賛成している。また同様に、二〇一四〜二〇年にかけて、「欧州近隣諸国政策」向けの予算支援額が四〇パーセント以上も増額されたことにも賛意を表明している。このような状況のなかで、「地中海連合」は、EU・地中海諸国プログラム全体を牽引する中心的な枠組みとして機能するようになるだろう。

今後、連帯、貿易、経済発展といった重点項目において具体的な指針を定めながら、行動に移すことで、地域統合が強化されるであろう。このような行動は、国家の枠組みを超えて、すべての参加者（特に市民社会の代表者、若者、中小企業）の総意によって実現されなければならない。「地中海連合」の枠組みのなかで実施されたガザ地区での海水淡水化施設の建設プロジェクトのような初期プロジェクトは、地域協力・統合に導く建設的な一歩として位置づけられる。計画されているその他のプロジェクトも、すぐにでも実行に移さなければならない。同時に、国境を超えた地域統合プロジェクトを実現していくためには、国境を越えた人の移動が不可欠である。この点において、専門家、研究者、学生、ビジネスマンによる自由な意見・知識の交換を促進するため、国境を越えた人の移動に関した新たな枠組み構築を進める必要性があることを指摘したい。このような人の移動の自由を実現するため「地中海大学」とでも言うべき学術組織の創設（UWC〔ユナイテッド・ワールド・カレッジ〕をモデルとするような）〔世界各国から選抜された高校生を受入れ、教育を通じて国際感覚豊かな人材を養成することを目的とする国際的な民間教育機関。UWC日本協会ホームページより〕が考えられよう。UWCは、世界各国から選抜された高校生を受入れて、国際交流と国際的な人材育成をおこなっている組織である。

また、「地中海連合」は、企業と雇用創出を促進する制度的基盤の機能を果たす必要がある。そのためには、投資環境の整備、中小企業に対する支援体制の強化、規制の統一などの課題を解決していく必要がある。地中海地域を平和と繁栄に満ちた理想的な空間に近づけるためにも、我々は優先的に地域統合を進めていかなければならないのである。地中海地域における地域統合の例としては、エジプト、ヨルダン、モロッコ、チュニジア、パレスチナ間における漸進的な自由貿易圏の創設を定めたアガディール合意〔二〇〇四年二月調印、二〇〇六年七月発効。二〇一一年にパレスチナが新たに加盟した〕や、二〇〇八年以降に「前進的地位」を獲得し、EUとの包括的パートナーシップを進めているモロッコがあげられる。さらに、一九八九年に地域共同体の設立を目標に掲げながらも、長期にわたり停滞を続けている、「アラブ・マグレブ連合」（UMA）を再び活性化させることは、地中海世界の地域統合において不可欠であり、極めて重要な戦略的意義を有している。モロッコ国王のムハンマド六世は、「新しいマグレブ諸国の秩序の形成」呼びかけている。この新しい秩序の形成によって、「アラブ統合に向けた決定的な駆動力を生みだすとともに、EU・地中海地域の協力に更なる展望を開くことになるだろう。また、サヘル・サハラ地域の治安の維持と安定化にも重要な貢献を果たすであろうし、アフリカの統一に向けた基本的な構成要素となりうる」と指摘している。マグレブ諸国で新たな秩序を形成することは、経済面でも大きなメリットがあることは議論の余地がないが、マグレブ諸国が直面している、民主主義、社会、経済、安全保障にかかわる困難な課題に適切な答えを導く手段とも言えよう。

ユーセフ・アムラニ
モロッコ元外務大臣（二〇一二〜一三年）、元「地中海連合」議長（二〇一一年）

第二章　地中海世界の分裂と統一の歴史と地政学

歴史家であるフェルナン・ブローデルが、地中海世界を表現するために好んで用いてきた一文に、「地中海世界は、単一の文明圏ではなく、いくつもの文明が折り重なりながら築きあげられてきた文明圏である」がある。続いて、ブローデルは、地中海世界についてこのように描いている。「地中海世界を旅してみたまえ。そうすれば、旅人は、レバノンの古代ローマの世界、サルデーニャの先史時代、ローマ属州時代のシチリア、イスラム支配下のスペイン、トルコ支配下のユーゴスラビアを発見するであろう(1)」。

地中海世界の歴史は、ギリシア帝国、ローマ帝国、オスマントルコ帝国、ムワッヒド朝、アッバース朝(2)などのいくつもの帝国による支配の歴史ともいえる。そして、古くは十字軍とイスラム帝国の対立からはじまり、植民地支配の歴史、冷戦下における超大国間の対立、すなわち、常に大国間の「せめぎ合いの地」でありつづけるとともに、軍事戦略上の要衝であり、資源確保の争いの地であった。

本章では、以上のような地中海世界の禍乱の歴史を振りかえるとともに、植民地支配期から現代にいたるまでの地中海世界の地政学的な位置づけについて考えてみたい。

一　「文明の揺籃《ようらん》の地」としての地中海世界——古代文明と帝国支配の幕開け

地中海世界は、文明の「揺籃の地」であった。すでに紀元前三〇〇〇年頃には、地中海世界で古代エジプト文明とメソポタミア文明が誕生し、活発な海上交易と陸上輸送がおこなわれるようになった。その後、地中海沿岸を駆け巡り、海上交易で活躍するフェニキア人〔フェニキアは古代の地中海東岸（現レバノン）の歴史的地名〕が登場する。地中海世界の根底で、いまでも流れ続けている精神は、このころ形成

(1) Fernand Braudel, *La Méditerranée, l'espace et l'histoire*, Paris, Flammarion, « Champs Histoire », 1985, p.8.
(2) 七五〇～一二五八年にかけて首都バグダードを中心に現在のイラク地域に興ったイスラム王朝。最盛期には、東は中央アジア、西はイベリア半島やモロッコにまで勢力下においた。

されていった。

フェニキアを起源とする人々は、レバノン、シリア、パレスチナ、チュニジア、エジプトに離散し、各地で数々の古代都市——ビブロス（レバノン）、トリポリ（リビア）、カルタゴ（チュニジア）など——を、スペイン、キプロス、マルタ、シチリア、サルデーニャでは港湾都市を建設して繁栄を謳歌した。

ところが、紀元前八世紀になると、地中海世界で最大の敵対勢力が登場する。ギリシア人である。地中海での海上交易路の範囲を拡大させていったギリシア人は、新たな地域から農産物や木材〔例えば、シチリアやエジプト産の小麦、アナトリア〔現在のトルコ共和国のアジア部分〕で伐採された木材〕を調達するようになった。航海技術も飛躍的な速度で進歩した。さらに、ギリシア人はフェニキア文字に改革を加えたアルファベットを発明したり、積極的に貨幣を発行したため、ますますギリシア人による交易活動は隆盛をきわめていった。その過程において、ギリシア人は、拠点としていた地中海東地域から、軍事的に脆弱であった地中海の北東沿岸部、北西沿岸部へと進出して植民地化していった。

やがて、エーゲ海からマルマラ海〔トルコのアジア側とヨーロッパ側の間にある内海〕、黒海の南域、南東沿岸地域（フランス、コルシカ島）にいたる広域のギリシア「海洋」帝国が形成された。地中海北沿岸部では、現在のナポリ、マルセイユ、イスタンブールといった地域で都市が建設されていった。地中海全域にわたって、共通の生活様式が営まれるようにまで発展したのである。しかしながら、次第にロドス島やビザンティオンなどの海上覇権を握る強大な都市国家が形成されるようになると、都市国家間での係争が頻発し、帝国の分裂を招くようになった。

ギリシア帝国内における軍事的衝突とその衰退がはじまると、かわって「ローマの時代」が到来した。ローマ帝国は、二二九年以降、ギリシア帝国の領土内でその勢力をのばしていった。「我らの海」(*Mare Nostrum*)――かつてそう呼ばれたように、ローマ帝国の領土拡大は、まさに地中海を舞台にして展開されていった。ローマ帝国による覇権のもとで、最盛期を迎えた地中海沿岸部は、地中海の域内だけでなく、域外とも商業・交易を活発化させた。ローマ帝国には、アフリカ産の小麦とオイル、ガリア地方の陶器やワイン、その他、地域外の特産物が次々と運び込まれるようになった。

帝国の統一事業には、キリスト教の布教活動も重要な要素であったが、ローマカトリック教会とコンスタンティノープルの正教会との間の溝は深まるばかりであった。(経済・政治的危機により引き起こされた)内部分裂で危機に陥ったローマ帝国は、四七六年九月、西ローマ帝国最後の皇帝ロムルス・アウグストゥルスがゲルマン人の将軍によって退位に追い込まれることで滅亡した。地中海の歴史は、帝国の盛衰の歴史である。すなわち、「中世」という血で血をあらう残虐な時代の幕開けであった。

ローマ帝国に続くイスラム勢力の拡大は、地中海南部に多くの帝国を誕生させることになった。九世紀から十世紀にかけて、イスラム帝国による支配の最盛期が訪れる。中東地域での勢力を拡大させたウマイヤ朝[3]（六六一〜七五〇年）、イラクを中心に支配下においたアッバース朝（七五〇〜一二五八年）、北アフリカのサハラ砂漠西部で興ったムラービト朝[4]（一〇四二〜一一四七年）、ムワッヒド朝（一一四五〜一二六九年）が成立した。

ムワッヒド朝――王朝の語源的由来は「神はひとつであると宣言した人」を意味し、神の唯一性を絶対視する――は、モロッコのアトラス高原で興ったイスラム王朝で、北アフリカ地域（モロッコからトリポリタニア）とアンダルシアを支配下におさめた。

ムワッヒド朝は、スペインとポルトガルのキリスト教国によるレコンキスタ（国土回復運動）の南進を受けて弱体化していた。一二一二年七月のラス・ナバス・デ・トロサ〔現アンダルシア州北部〕の戦いで、キリスト教連合軍が決定的な勝利をおさめたことにより、ムワッヒド朝の衰退は決定的となった。

モロッコ南東部で勢力を拡大しつつあったマリーン朝は、モロッコ北部のフェズを占領し、その後、ジザニデス（Zianides）と呼ばれる現トレムセン〔アルジェリア北西部の都市〕地域や北アフリカの中西部を示すイフリーキヤ〔現在のチュニジアからアルジェリア東部の歴史的地名〕にまで北アフリカ全域に勢力を伸ばした。

ムラービト朝やムワッヒド朝は、征服過程で優美なイスラム様式の建築物を遺していった。セビリアに残るヒラルダの塔、マラケシュのクトゥビーヤ・モスク、ラバトのハッサンの塔、アルジェの大モスク、といったように、現在でもその姿をみることができる。

イスラム教徒がイベリア半島南部を征服下におさめている間、ローマ教皇の呼びかけやヨーロッパのキリスト教徒に支援された十字軍の遠征隊は、中東地域を中心に勢力を増していった。エデッサ伯国〔現在のトルコ領ウルファ〕（一〇九八～一一四六年）、トリポリ伯国（一一〇二～一二八八年）、エルサレム王国（一〇九九～一二九一年）、キプロス王国（一一九二～一四八九年）、コンスタンティノープル（一二〇二～〇四年、第四回十字軍）などの数々の十字軍国が建設されていった。

エジプトのマムルーク朝（一二五〇～一五一七年）において、エジプトを中心にシリア、ヒジャーズまでを支配した。奴隷身分の騎兵を出自とする軍人により組織された）やオスマン帝国の庇護を受けながら、イスラム勢力も拮抗し、ビザンツ帝国（東ローマ帝国）やコンスタンティノープルを占領し、その

（3）預言者ムハンマドのケライシュ族を系譜とする、メッカの指導層であったウマイヤ家による世襲王朝。ダマスカスに首都をおき、六六一～七五〇年の間、パキスタンからイベリア半島にまで勢力下においた。

（4）一〇四二～一一四七年にかけて、北アフリカ（モロッコとアルジェリア北西部）およびイベリア半島南部を支配したベルベル系のイスラム王朝。ムラービト朝第四代の君主ユースフ・イブン・ターシュフィーンは、首都マラケシュを建設し、マグレブからイベリア半島、さらにマリやガーナ王国があるサハラ南部地域にまで支配を拡げていった。

後に地中海東沿海部へと勢力を拡大し、徐々に地中海の南側地域も支配下におさめていったのである。

オスマン帝国は、地中海の要衝である黒海やエーゲ海を中心に海軍を展開し、アナトリア半島〔現在のトルコ共和国のアジア部分〕、バルカン半島、アラビア半島から北アフリカのアルジェリアまで勢力を伸長していった。その後一五一七年に、オスマン帝国はカイロを制圧し、マムルーク朝を滅ぼした。続く、一五二一年にはベルグラードを制圧、一五二二年にはロドス、さらに北アフリカのアルジェ、トリポリ、チュニス、ケルアン〔チュニジアの首都チュニスから南へ一六〇キロにある都市〕へと進軍していった。四六年もの長きにわたり皇帝に在位していたスレイマン大帝が一五六六年に死去したことにより、オスマン帝国の黄金時代は終わりを迎えることになった。

ナポレオン統治下のフランス第一帝政、大英帝国の最盛期パックス・ブリタニカの時代を経て、第一次世界大戦が終結、その頃ついにオスマン帝国は終焉を迎えた。封建領主たちは、スルタン政治の廃止を主張するようになり、ギリシアは、オスマン帝国と手を組むエジプトと距離をとりながら、イギリス、フランス、ロシアの介入をとりつけることで、一八三〇年に独立を果たした。

帝政ドイツ、オーストリア゠ハンガリー帝国、イタリアとの同盟を組みながらも、オスマン帝国は第一次世界大戦の敗北を認めることになった。黒海への進出を企図するロシアを、フランスとイギリスが牽制してオスマン帝国を支持し、その結果、フランスはアルジェリアとチュニジアを、イギリスはエジプトを支配することができた。

一九二〇年に締結されたセーブル条約[5]では、オスマン帝国領の大半を連合国に分割することになり、一九二三年ローザンヌ条約において、オスマン帝国によるアラブ世界（パレスチナ、シリア、レバノン、イラク、アラビア）への実効支配権は完全に失われ、代わりにイギリスとフランスによる委任統治が開始された。ここに、六世紀以上にもわたる帝国の時代が終わりを告げ、ヨーロッパ植民地支配の歴史が始まったのである。

（5）一九二〇年八月十日に、第一次世界大戦の戦勝国である連合軍とオスマン帝国との間で締結された講和条約。サン・レノ会議にて決定された骨子に基づき、オスマン帝国支配下にあった中東地域のフランスとイギリスの委任統治権が規定された。同条約は一九二三年再び交渉がおこなわれ、七月二十四日にローザンヌ条約が締結、オスマン帝国に代わるトルコ共和国の承認と現在のトルコ領が確定した。

二　地中海世界の植民地支配の歴史とその遺産

地中海世界ではヨーロッパによる植民地支配の歴史が到来した。ヨーロッパは、商業販路の拡大や天然資源の独占を目的にした「領土拡張主義」を掲げて植民地支配を進めていた。ヨーロッパが植民地支配を進めるためのすべての方針は、「文明化をもたらすヨーロッパ世界」という言葉で塗り固められ、正当化された。

フランスの共和主義者ジュール・フェリー〔フランスの政治家で第三共和政において二度の首相を務めた〕は、初等教育の無償化（一八八一年六月十六日制定）、ライシテと義務教育に関する法律（一八八二年三月二十八日）を推進するなど、フランスの「領土拡張主義」を熱狂的に支持した政治家のひとりである。一八八五年七月二十八日の国民議会における彼の演説には、当時のヨーロッパの植民地支配に対する考え方が色濃く反映されている。「ヨーロッパによる植民地支配の第一の目的は、なにか。それは、人口が爆発的に増加する貧困国での雇用創出と安定的な住居の提供、すなわち、貧困国で暮らす人々に豊かな生活を保障することにある。［…］しかしながら、植民地支配には、もうひとつ別の目的が存在している。それは、ヨーロッパで生活する人々の過剰な資本、もしくは過剰な生産物の「はけ口」〔販路débouché）としての利用である。［…］ヨーロッパにとっての植民地は、より有利な資本の運用を可能にする場所である。［…］ヨーロッパのすべての工業国が不況に陥った際に必要であるのは、植民地の創設、すなわち「はけ口」の創出である。［…］議員の皆様、さらに声高に、真実を叫びましょう！広く世間に訴える必要があります。優等人種は、劣等人種に対しての権利があることを。［…］なぜなら我々には、劣等種族を文明化しなければならないという義務があるからです」。

ジュール・フェリーが主張した「領土拡張主義」や「ヨーロッパ文明化論」は、数多くの知識人たちに支持された。例えば、ヴィクトル・ユゴーは、一八七九年五月十八日、奴隷制廃止を祝う集会での声明で、地中海の植民地支配を正当化する発言をしている。「地中海は、ばらばらに存在する世界ではなく、文明化され、完結したひとつの世界である。地中海世界を見渡してみれば、ヨーロッパ側の岸辺では、文明が爛熟した歴史ある世界が広がっており、アフリカ側の岸辺では、野蛮人がひしめきあい、隔絶された世界が広がっている。このことには、それなり意味がある。［…］神は、ヨーロッパにアフリカを与えたのである。その義務を果たさなければならない。銃剣を携えるのではなく、耕すための鋤《すき》をもたせろ。砂地を彷徨うのではなく、商業を活性化させよ。戦いではなく、工業を奨励せよ。そして、征服ではなく、友愛を広めろ。あふれでるヨーロッパの知性を、野蛮なアフリカ大陸にもたらさなければならない。同時に、社会的問題を解決し、労働者を推奨せよ。実行に移すときが来た。道路や港をつくり、都市を建設せよ。交流し、文明化し、植民地化し、そして領土を拡張せよ！」

とはいえ、ヨーロッパの植民地政策は、かならずしも賛同ばかりを得られたわけではなかった。ジョルジュ・クレマンソー〔フランス第三共和政、第四十代（一九〇六～〇九年）及び第五十三代（一九一七～二〇年）首相〕は、急進的社会主義政党議員の時代、ジュール・フェリーの主張に対して、一九八五年七月三十一日に下院議会で、次のように発言している。

「優等人種、劣等人種……言うはたやすい。だが、ドイツ人学者が『普仏戦争でフランスがドイツに敗北したのは、フランス人がドイツ人よりも劣った人種だからであることが科学的に立証された』と述べたのを聞いたとき、わたしは、この大いなる過ちから目が覚めた。そのとき以来、わたしは、人種の優劣、野蛮と文明、といった発言がなされるとき、立ち止まってよく考え直す必要があることを強く主張したい。［…］そして、わたしは、ここで持ちだされた人種の優劣にかかわる論理を判断することはしたくないが、圧倒的な力を持つ側の人々が、そうした論理を持ちだして、主張を押し通すことがありうることについても喚起を促したい」。しかしながら、このようなジョルジュ・クレマンソーの主張は、むなしくも時代の圧力に押しつぶされ、植民地支配を支持する人々の圧力に屈せざるを得なかった。

フランスとイギリスという二つの大国は、植民地支配を通じた領土の拡大には、ジブラルタル海峡、ボスポラス海峡、ダーダネルス海峡、シチリア海峡、スエズ運河のような戦略的な要衝の制圧が不可欠であることを理解していた。

フランスはマグレブ地域で植民地支配の足固めを進める一方で、イギリスは、インドへの通商路の安全確保を優先して、エジプトやトルコの支配を進めるとともに、ジブラルタル、マルタ、イオニア諸島といった戦略的な砦を築いていった。フランス、イギリス両国による植民地獲得競争の結果、中東地域は分割され、シリアとレバノンはフランスの委任統治下におかれ、パレスチナの地は国際連盟のもとでイギリスの委任統治領とされた。地中海沿岸地域は、極東とアメリカの間に挟まれた中継地としての役割を担うことになったのである。

中近東における植民地化政策については、オスマントルコ帝国の終焉後に本格化していった。そして、その頃には、石油資源という巨大な利権の確保に向けた列強諸国の思惑が錯綜していた。アラブの領土は、国際連盟を通じて一九二〇年にフランスとイギリスによって委任統治化されていった。国際連盟が規定する第二二条によれば、「植民地やその対象となる領土」を、「それまでに統治していた国家の主権が消滅した地域」や、「自らの統治を実行できないほど能力の低い人々が住んでいる地域」の委任統治化することが規定されていた。

フランスはサンレモ会議、続くセーブル条約にて、シリアとレバノンの委任統治権を委託された。一方、イギリスは、イラク、パレスチナ、トランスヨルダンを委託された。列強諸国間での石油資源の分割が決定されたのである。

シリア地域は、国民の意思とは無関係に引き裂かれた。一九二〇年九月、シリア地域は、大レバノン、ダマスカス国（ジャバル・ドゥルーズ地区を含む）、アレッポ国（アレキサンドレッタ地区を含む）、アラウイ自治地区、に四分割され、四年後の一九二四年、分割されたダマスカス国とアレッポ国を統合してシリア国となった。

イギリスによるパレスチナとトランスヨルダンにおける委任統治権は、一九四六年のヨルダンの独立を契機にして放棄され、一九四七年にパレスチナ問題として国連に付託されることとなった。一九一七年に発表されたバルフォア宣言の流れをうけ、イギリスによるパレスチナの委任統治の目的は、「ユダヤ民族のための国家の建設である。このため、パレスチナ地域におけるユダヤ人とユダヤ民族以外が区別され、ユダヤ人の市民の権利と宗教的な権利に影響を及ぼさない限りにおいて、ユダヤ民族以外の人種の権利が認められた」。

ここに、パレスチナに居住していたアラブ人と、移住してきたユダヤ人との間で、絶え間のない紛争が開始されたのである。

フランスによる北アフリカへの植民地支配の進出は、一八三〇年、まだオスマントルコ支配下の属州であったアルジェの征服を契機に開始された。アルジェリア人民の英雄となったアブドゥル・カーディル[6]は、フランスに対して粘り強い抵抗運動を続けたが、一八四七年に降伏した。その後、フランスは、一八四八年に植民地の行政単位としてコンスタンチーヌ県、アルジェ県、オラン県の三県（一九〇二年に南方領土[7]を建設）を置くとともに、砂漠の民トゥアレグ族が暮らすサハラ砂漠へも領土拡大を続けた。

同時期、フランスとイタリアが植民地化を望んでいたチュニジアも、ヨーロッパ列強による圧力に屈せざるを得なかった。債務を抱えるチュニジアは、債権国ヨーロッパの共同管理下におかれ、最終的にフランスがチュニジアを保護領にすることに成功した。一八七八年のベルリン会議の際、フランスはチュニジアにおける支配力強化に向けたヨーロッパ諸国との協約を締結することに成功した。三年後の一八八一年にバルドー条約がフランスとチュニジアの間で締結され、フランスの保護領化が決定され

(6) 一八三二～四七年にかけて、アルジェリア西部のオラン地域で、フランス植民地支配に対する抵抗運動を指揮したアルジェリアの民族的英雄。フランス軍による激しい攻勢におされ、移動首都マスカラ、タグドン、スマーラへと移り、モロッコへと亡命した。一八四八年にラモリシエール将軍、オマール公に降伏後、フランスのアンボワーズ城に幽閉された。

(7) 南方領土（アルジェリア）。フランス領アルジェリアでは、一八四八年に北部三県（アルジェ県、オラン県、コンスタンティーヌ県）が総督府としてフランスの一部として宣言されたが、一九〇二～五七年の間は、サハラ砂漠地域は北部三県の直轄地として扱われ、四つの行政区で編成されていた。

た。ちなみにチュニジアでは、大守《ベイ》（Bey）の地位こそ維持されたが、すべての実権はフランスの総督へ委任されていた。

フランスによるチュニジアの保護領化を皮切りに、一九一一年にイタリアが、摂政政治が敷かれていたトリポニタニア（後のリビア）を征服した。その後、一九四三年までリビアは、イタリアの植民地支配下におかれたが、第二次世界大戦期には、イギリスとフランス両同盟軍により占拠されることとなった。

エジプトに関しては、一八八二年にイギリスによる軍事介入を受けた後、オスマン帝国の勢力を排して一九一四年に正式に保護領化された。同国は一九二二年に君主制による独立を果たしたが、一九五三年の自由将校団によって主導されたエジプト革命で、王制は廃止されている。

地中海南沿岸部で残されている植民地はどこだろうか。モロッコもまた、ドイツ、スペイン、フランスが切望する領土であった。一八八四年、スペインが国境線が未確定の西サハラ地域を占領した。一九〇六年に開催されたアルヘシラス会議では、ドイツ、フランス等のヨーロッパ諸国が参加し、スペインはモロッコ北部と南部、フランスは中央部をその勢力圏におさめることになった。

ドイツは、フランス領土であるコンゴ及びカメルーンの譲渡と交換に、その植民地獲得に向けた主張を破棄するようになった。一九一二年、モロッコのスルタンであるムライ・アブデルハミッドとフランスとの間でフェス条約が締結され、モロッコの国家主権が失われ、国土の大部分がフランスの保護領と

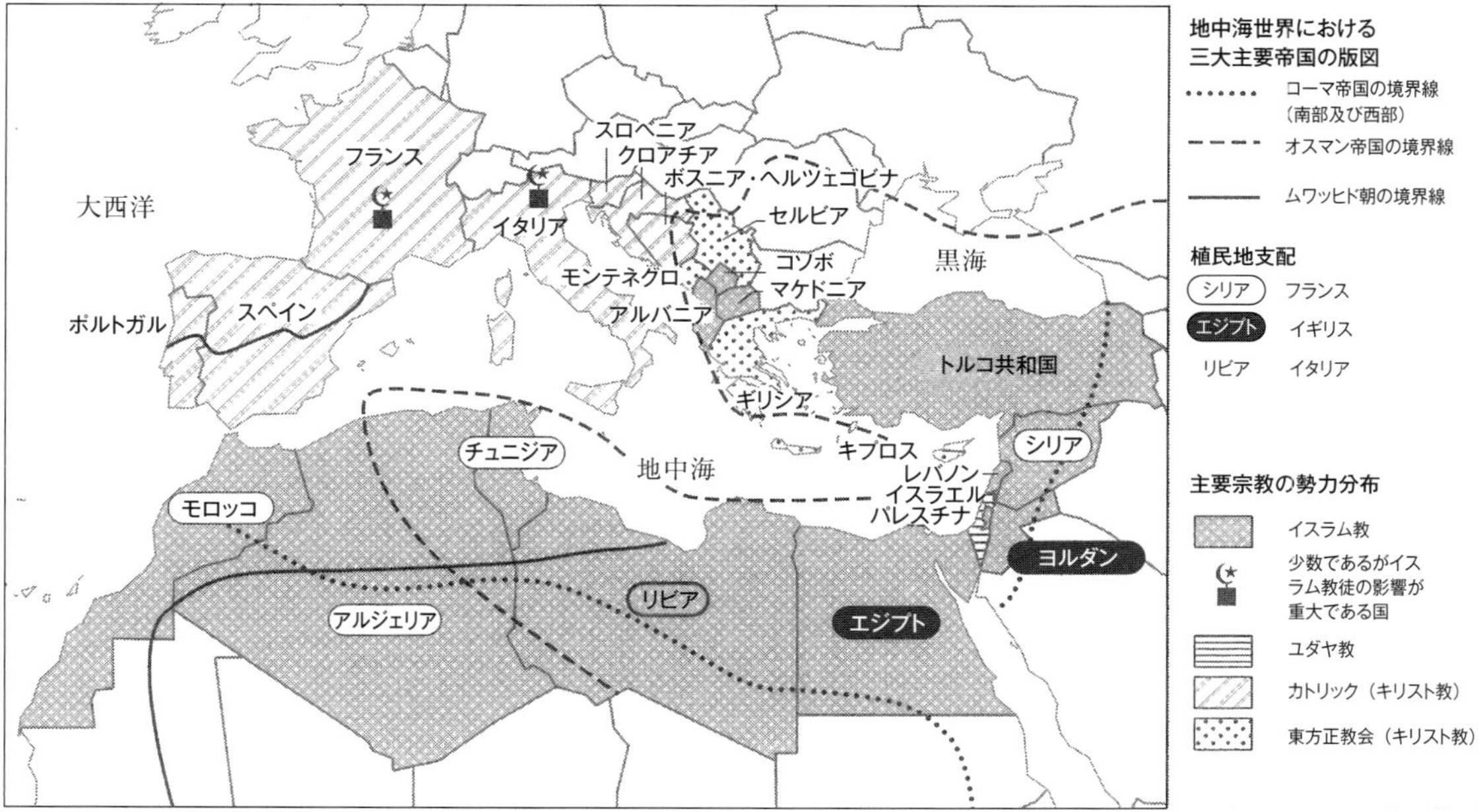
大西洋
フランス
イタリア
スペイン
ポルトガル
スロベニア
クロアチア
ボスニア・ヘルツェゴビナ
セルビア
モンテネグロ
コソボ
マケドニア
アルバニア
黒海
ギリシア
トルコ共和国
キプロス
シリア
レバノン
イスラエル
パレスチナ
ヨルダン
地中海
チュニジア
モロッコ
アルジェリア
リビア
エジプト
地中海世界における
三大主要帝国の版図
ローマ帝国の境界線
（南部及び西部）
オスマン帝国の境界線
ムワッヒド朝の境界線
植民地支配
シリア フランス
エジプト イギリス
リビア イタリア
主要宗教の勢力分布
イスラム教
少数であるがイスラム教徒の影響が重大である国
ユダヤ教
カトリック（キリスト教）
東方正教会（キリスト教）

され、総督（外交、防衛、内務権限を有する）にはユベール・リヨテ〔一八五四年～一九三四年、フランスの軍人・元帥。一九一二年、保護条約調印後のモロッコで総弁務官となり、二五年まで在任した〕が任命された。

アラブ・ナショナリズムが昂揚する時代はまだ先であったし、なにより独立運動が本格化するのは、第二次世界大戦終結を待たなければならなかった。一九一七年にイギリスが発表したバルフォア宣言によって、アラブ・ナショナリズムの基盤が形成されたともいえよう。イギリスは、バルフォア宣言のなかで、パレスチナの地にユダヤ人の民族国家（ナショナルホーム）の建設に向けた賛意をはっきりと表明したのである。このイギリスの意思表示は、一九四八年のイスラエル建国によって、実現された。その時以来、地中海世界を分断する決定的な対立構造として、イスラエルとパレスチナの紛争が現出したのである。

植民地独立の動きは、エジプト（一九三六年）にはじまり、レバノン（一九四三年）、シリア（一九四六年）、リビア（一九五一年）、チュニジア、モロッコ（一九五六年）、そして最後にアルジェリア（一九六二年）と続いていった。

中東や北アフリカでの植民地独立の動きのなかで、国境線の確定をめぐる新たな分裂の源泉も生みだされていった。アルジェリア、モロッコの両国の間では、その領土や国境線をめぐって、一九六三年に「砂の戦い」が展開された。マグレブ・アラブ連合（UMA）は、一九八九年に地域統合と経済協力関係の促進のために創設されたが、アルジェリアとモロッコ間における絶え間ない対立が障害となって、進展することなく現在に至っている。それ以外にも、北アフリカ及び中東地域の複数の諸国で、国境線を巡る争いが勃発した。

冷戦期にはいると、ヨーロッパ帝国主義のせめぎあいの場であり続けた地中海世界は、アメリカとソ連の覇権争いの主戦場ともいえる地域に移り変わっていった。地中海世界は、西欧資本主義圏か、ソ連共産圏のいずれかに塗りわけられ、米ソ二大勢力が自国の威信をかけて地政学的な利権を奪い合う対象となっていった。地中海地域に埋蔵される炭化水素資源は莫大であったし、ヨーロッパからの輸送の経由地、停泊地として地政学的に重要な地域であった。また、ヨーロッパにとっても、地中海南・東沿岸に位置する発展途上諸国にとっても、直接的な対立を回避する「緩衝地帯」としての役割も果たしていた。

一九八九年十二月、アメリカ合衆国大統領ジョージ・H・W・ブッシュとソビエト共産党書記長ミハイル・ゴルバチェフの両首脳を交じえたマルタ会議にて冷戦の終息が宣言され、東西分裂が解消されたが、地中海世界において長年にわたり続いてきた南北間の断絶は固定化されたままであった。例えば、冷戦期の遺産として存続を続けるNATO(8)が好例である。その戦略的な目的と手段の背後には、南北間

(8) 第二次世界大戦終結直後の一九四九年四月四日に設立された北大西洋条約機構。ソビエト連邦を中心とする→

の断絶が、同盟諸国の安全保障の脅威となることが想定されている。NATOの存在によって、現在に至っても地中海世界でのアメリカの強力なプレゼンスが保持されたままであることから、地中海世界は、以前と変わらず、超大国にとって地政学的に重要地域でありつづけていることがわかる。

列強諸国の生命線であり、対立の主戦場でもあった地中海世界は、現在も政治、宗教、社会経済面での「断絶」が残る地域であるとともに、将来的には理想的な「共有財産」(を生みだす可能性)を意味する地域でもある。第一章でみてきたように、北側諸国と南側諸国が新たな枠組みのなかで、パートナーシップを強化していくことは、歴史的に長年にわたり続いてきた紛争・対立に終止符を打つこと(イスラエル・パレスチナ紛争、ギリシア・トルコ間のキプロス紛争、アルジェリア・モロッコ間の国境対立など)につながるだろう。「断絶の地」ではなく、「共有財産の地」となったとき、地中海世界は、様々な財が行き交う「交易の地」となり、多様な文化の「交流の地」となるだろう。

→共産圏の拡大に対抗するための西側(ヨーロッパ)陣営による多国間軍事同盟。ヨーロッパと北アメリカとの間の軍事同盟を形成し、本部をロンドン、パリ、一九六六年以降はブリュッセルにおく。現在は二十八カ国が加盟している。

第三章　地中海世界の社会、生活様式、文化――アイデンティティの危機と歩みより

都市化、文化、暮らしの芸術《アール・ド・ヴィーヴル》……地中海世界は多様性を誇るとともに、その独自の文化的特性をもった世界である。果たして地中海世界は、人々が行き交い、文化的交流をおこなう場になりうるのか？　地中海世界が共有すべき価値とはなにか？　地中海世界独自の方法で、生活の規範と実践の調和を実現できるだろうか？　地中海世界は、それほどまでに多様性に満ちた豊かな文化空間といえるのだろうか？

一　地中海世界のアイデンティティを求めて

技術・経済面に偏重した現代社会で生きる我々は、民族、宗教、地域への帰属意識にアイデンティティ

ティを求めたり、アイデンティティの喪失に対して何らかの行動をせずにはいられない。グローバル化が進めば進むほど、実は、自分たちの生きる「領土」（その土地の独自性）を強く意識するようなり、アイデンティティとの結びつきを深めることになる。この意味において、人がどこで生まれ、どのような暮らしをしているのかと、文化的なアイデンティティとは深い関係を持っている。地理文明学の研究者によれば、「領土」とは、その領域内で形成された集団の関係性によって規定される、一種のシンボリックな空間として定義することができる。一九八〇年代になると、イギリスの地理学者は、「領土」という言葉が、政治、文化、社会的な概念を含みうることから、「領土」（*Territory*）の代わりに「場所」（*place*）という言葉を用いるようになった。一九九五年のフランスの地政学者フランソワ・チュアルは、著作『アイデンティティの衝突』において、地政学の側面と文化的な問題を同時に取り扱う試みをおこなっている。このような「領土」と「空間」を結び付けようとするアプローチは、「集団的な幻想」（共同幻想）やそれに基づく「行動」を引き起こし、「自分たち」は特別な存在であるという意識を植え付けることになる。長い歴史のなかで共同体が形成され、そこに帰属しているという意識が強くなるのである。国民国家を超えた共同体が、「領土」を打ち消し、強力な権力や覇権《ヘゲモニー》を行使することができるのもこのためであると考えられる。

地中海地域に残されている「物質的な」遺産——遺跡、旧跡、博物的価値のある建造物など——は、旧石器時代から現代までの、人類が歩んできた歴史そのものを表象するものである。それでは、「無形」（非物質的）遺産についてはどうだろうか。すなわち、食文化、地方の特産物、衣服・民族衣装、その地域の手工芸品等、これらの物品やサービスは、その地域のアイデンティティと密接な関係を築いていると言うことができよう。地中海世界は、そのような豊かな文化的な遺産を生みだしてきた空間であったし、独特の祭り（アヴィニヨン、カンヌ、エッサウィラなど）〔エッサウィラは、マラケシュ西にある大西洋沿岸の港湾都市。コラム（六四頁）を参照〕や音楽や光の祭典、カーニバル（カイロのピラミッド、ベニスなど）が地中海世界のいたるところで開催され、歴史とともに文化的土壌を形成してきた。

地中海世界は、言わば「一貫した文化遺産」のうえに長い時間をかけて築きあげられてきた世界とも言えるのかもしれない。それは、即席のアイデンティティでその場をしのぐような「継ぎはぎ文化」によって生みだされた地域では決してなかった。ジャック・ベルクは、次のように描写している。「地中海世界は、その地理的な条件ゆえの記憶と構造物で彩られた歴史の軌跡によって造りあげられてきた。それが地中海世界である[1]」。

（1）Jacques Berque, *Une cause jamais perdue. Pour une Méditerranée plurielle, textes politiques (1956-1995)*, Paris, Albin Michel, 1998.

現代世界のパワーバランスが急激な変化を遂げるなかで、その土地で長い間かけて根づいてきたアイデンティティとは何か、という問いが、改めて議論されている。それは地中海世界においても例外ではなく、地中海という領土のうえに打ち立てることのできる「共同体のアイデンティティ」を探しだし、社会的な認知を受けることが必要とされている。

フェルナン・ブローデルは、「地中海世界は、広大であると同時に閉ざされた空間である。それゆえに、ひとつのまとまった地域共同体のなかで、多様性が育まれた世界なのである」としばしば指摘してきた。また、ポール・ヴァレリー〔一八七一～一九四五年、フランスの作家、評論家〕は、「地中海は、文明を生みだす機械」と表現し、「人類の歴史の各局面で、地中海世界を起源とする文明が誕生してきた」と指摘している。(2) 人類の歴史を俯瞰すれば、このような例が地中海文明であふれていることがわかる。エジプト文明、シュメール文明、フェニキア文明、カルタゴ文明、ギリシア文明、ローマ文明、トルコ文明……といった具合である。文明の特性のひとつとして言えることは、文明は、それが生まれた土地に留まり続けるわけではなく、その周辺地域（もしくは一部地域）にまで影響をおよぼすことがあるということである。ギリシア人やローマ人は、領土を拡大していくなかで、その文化的影響力も行使してきた。ギリシア人は地中海東部地域、ローマ人は地中海西部地域の各地に自らの文化も伝播させていった。オスマントルコにいたっては、周辺地域に留まらず、はるか遠く離れた地域にまでその痕跡を留めている。地中海世界は、ラテン文化、イスラム文化、ユダヤ文化、東方正教会文化の四つの文化が混在しながら、成立していった。このように、地中海世界は、文明が交差し、入り交じりあいながら、他の地域では決してみられない独自の文明圏（地理的風景）を造り上げていったのである。

文明だけではない。地中海は、世界三大宗教の「母なる地」であり、「揺籃《ようらん》の地」であった。すなわち、ユダヤ教、キリスト教の誕生の地であるばかりでなく、イスラム教が普及していった地でもある。これら三つの宗教の普及と、中世のキリスト教十字軍とイスラム教との激しい対立によって、地中海世界の地政学的な基本構造が形成されていった。そして、地中海世界を彩る宗教的な特質は、社会的な特質のうえに構築されていった。それゆえに地中海世界の社会的な特質を考える際には、以下に詳説するように、都市文化、家族、暮らしの芸術《アール・ド・ヴィーヴル》の三つの側面から捉える必要がある。

都市文化　地中海の都市の風景は、合理的な調和を基調としたギリシア都市文明を基調としている。また、街のあちこちには、広場（フォーラム）やその周辺に寺院と公共物が密集する地区が点在しており、ローマ都市文明をモデルとした都市空間が形成されている。一五〇〇年時点で、ヨーロッ

（2）Paul Valéry, « La liberté de l'esprit », 1939, *Œuvres complètes*, II, Paris, Gallimard, Bibliothèque de La Pléiade, p.1084.

パ地域の人口規模の大きな主要一四都市のうち、地中海沿岸諸国であるイタリアに八都市、スペインに一都市が形成されており、地中海世界の都市文化は、非常に歴史が古く、強固であったことがわかる。一六〇〇年になると、イタリアに六都市、スペインに五都市となった。文明圏の盛衰にともない、地中海のカルタゴやバビロニアといったいくつかの都市文化も消滅していったが、その代わりに十六世紀以降はマドリッド、十世紀以降はベニスといった新しい都市も誕生してきた。近世以降に再興する都市文化（近代のナポリ、アレクサンドリア、アテネ、十九世紀以降のローマ、二十一世紀のタンジェ）も忘れてはならない。また、悠久の歴史のなかで、生き続ける都市文化（コンスタンティノープル［現イスタンブール］やカイロなど）も存在する。地中海世界に残る都市文化は、その類い稀な文化的な魅力ゆえに、観光資源としても異彩を放っている。イスタンブール、アテネ、カイロ、バルセロナ、ローマの各都市や、地中海世界の都市文化の歴史のなかで生まれてきた様々な呼称の「市場」――ギリシアのアゴラやストア、ローマのフォーラムやバジリカ、オスマントルコ時代の屋内市場建物（ベゼステン）、人々の交易の場であったハーン、バルカン半島で発展したチャルシやバザール、イスラム世界のスーク――これら各地でみられる「市場」も、地中海世界の都市文化を特徴づけている。さらに、都市に暮らす人々の精神的支えの場となったシナゴーグ、モスク、教会といった宗教施設も、都市の経済、文化、精神を豊かにする役割を担っていた。

家族　都市国家は、地中海世界の社会性にも影響をおよぼした。社会構造は、共同体や部族集団のなかで生まれ、地中海世界の各地の集団生活にその規範を形成していった。地中海世界の共同体の形成過程のなかで、家族という集団単位は、最も強固で、最も優先されるべきグループであった。

十九世紀までの地中海世界の都市の特質は、「社会的混淆《こんこう》」であった。ナポリでは壮麗な建物が整然と立ち並んでいるかと思えば、タンジェやアレクサンドリアのような都市では、古びた建物が密集する通り《ザンカ》があちこちに張り巡らされ、様々な社会階層の人々が入り混じりながら居住区を形成していた。このことによって、地中海世界に特有の社会空間構造が生みだされてきたのである。

暮らしの芸術《アール・ド・ヴィーヴル》　「アル＝アンダルス」（Al Andalus）〔イスラム世界において歴史的にスペインのアンダルシア地方を中心とするイスラム勢力統治下のイベリア半島一帯を示す〕は、地中海世界に暮らす人々の憧憬の地として位置づけられよう。そこでは、地中海世界のルーツとなる古くからの作法や風習が息づいている。それは、衣服であり、食文化であり、家具や建物であり、言語であり、その地の人々の生活に表われている。「アル＝アンダルス」に暮らす人々の、規範、伝統、生活習慣は、地中海世界のすべての人々のライフスタイルに影響しており、その片鱗は、フェズ、アルジェ、チュニス、アルハンブラ、ローマといった主要都市で垣間みることができる。

レバノン出身の国際関係・社会政治学者ジョセフ・マイラは、「我らが海（Mare Nostrum）」[3]（ラテン語で古代ローマにおける地中海の呼称であるが、広く地中海世界の文化を包摂する用語として用いられる）と題した論文で「偉大な地中海文明が徐々に拡大していく過程で、我々の文化の指標《メルクマール》となるような軌跡を残している。我々の歴史は、地中海文化が残したその指標《メルクマール》に従って、重要な「基準」を設けてきたといっても過言ではなく、我々はその後継者でもある。アルファベットの起源であるフェニキア文字、ギリシア哲学、ローマ法、セム人の一神教、カルタゴの戦術、ビザンチンの鷹揚さ、アラブの科学、オスマントルコの軍事戦略、アンダルシアの共存関係、イタリアの繊細さ、カタロニアの冒険心、フランスの自由、エジプトの恒久精神……これらすべてが地中海文明が生みだしてきた指標《メルクマール》である」。ジョセフ・マイラが書き記すほんの数行の文章からも、我々が、地中海世界からいかに豊かな遺産を受け継いでいるかを垣間みることができよう。

二　地中海世界の文化と政治――相互不信の超克

文化は、地政学的な問題でもある。文化の問題は、領土の維持や獲得への競争を引き起こすことにもなるからである。一方、「社会」や「生活様式」という言葉は、文化と関係のない言葉なのだろうか？ユネスコによれば、文化とは「特定の社会または社会集団内で形成され、特有の精神性と感情特徴によって生みだされる総称」と定義している。

パスカル・ゴーション(4)によれば、「文化」は、地政学に属する言語用法であり、ドイツの思想家は、文化をドイツ語の「国家的特性」(Volksgeist) と位置づけている。さらにサミュエル・ハンチントンは、一九九三年に「フォーリン・アフェアーズ」に掲載された論文「文明の衝突」のなかで、文化的な対立についての思索を発展させている。ハンチントンによれば、グローバル化について数多く指摘された統合概念を真っ向から否定し、文化的な対立は、主として、世界的な文化や価値システムの統合に失敗し

(3) *Études*, 1997.
(4) *Dictionnaire de géopolitique et de géoéconomie*, Paris, Puf, 2011.

たために発生するとしている。

このように、文化的なアプローチは、地政学や国家戦略の中心的議論として語られるべきである。一般に、アイデンティティの確立は、「最低限共有できる価値」から生まれてくるものである。歴史を無視したり、物質的・非物質的な領土の概念を排除したり、もしくは、すべての時代性を無視するような場合、EU・地中海世界という空間やアイデンティティを理解することはできないだろう。このような「最低限共有できる価値」から地中海世界のアイデンティティを確立することができれば、ギリシア、ローマ、ビザンチン、ユダヤ、キリスト、ムスリム、ライック〔脱宗教的な〕といった歴史的な文化遺産を再評価し、その文化遺産から価値と独自性から確固たる基盤を引きだし、そのうえで、地中海世界の共通の未来像を創造することができるだろう。地中海世界が、「我らが海」と呼ばれた真意は、そうしたところにあるのではないだろうか。

ザキ・ライディの言葉を借りれば、文化的価値を再評価し、アイデンティティを確立する目的は、「グローバル化の時代において、すべての文化が溶解されることを回避すること[5]」にある。人々を統合に導く地中海世界のアイデンティティを確立することができ、「我々は、どこから来たのか？」という問いに答えることができるならば、マグレブ諸国で増大を続ける移民の流出に歯止めをかけ、国家の懸念事項を払拭することもできるかもしれない。地中海に住む人々が、その歴史や文化を深く理解し、分かち合うことで、はじめて、地中海世界にひとつの統合された社会を形成することができるのである。「分裂」と「断絶」を繰り返す代わりに、地中海世界の一員として、相互の文化交流をおこなうことは、新しい高度な文明社会に相応しい「地中海世界の統合」を実現し、過去の歴史を乗り越えることにつながる。

欧州統合の父ジャン・モネは、ヨーロッパ連合の統一を目指すのなかで、以下のような言葉を遺している。「もし可能であるならば、石炭鉄鋼分野での同盟ではなく、文化的な統合からヨーロッパの統合歴史を開始したい」。おそらく、地中海世界においても、同じようなアプローチが可能ではないだろうか。

地中海世界における貿易状況は、南アジアやラテン・アメリカと先進国間での貿易と比べて、非常に低い割合に留まっている。だが、経済的な商業空間の創出だけが、最終的な目標ではない。本質的な課題は、地中海世界の特性に相応しい調和のとれた経済発展の実現である。現在地中海世界が抱えている貧困問題や移民問題は、このことによってのみ解決の糸口を見いだすことができるだろう。フランスの元首相ドミニク・ド・ビルパンが指摘した「地中海両岸の夢」は、このようなところに解決策があるのかもしれない。

(5) *Le Temps mondial*, Bruxelles, Complexe, 1997.

コラム　文化的遺産による発展——エッサウィラの事例

オーソン・ウェルズ主演の映画「オセロ」（一九五二年）がカンヌ映画祭のパルム・ドールを受賞してから四〇年後の一九九二年、モハンマド六世国王が、映画の舞台となったモロッコのエッサウィラを訪問し、記念式典に出席した。マラケシュ西部、大西洋に面した湾岸都市エッサウィラは、映画の舞台となって以来、再び注目を浴びたのである。一九九六年に、このことがきっかけとなり、エッサウィラ・モガドール協会[6]が主導する開発対象地区として選出されることになった。

エッサウィラの開発計画は、モロッコの歴史的遺産と文明の再評価をおこなうとともに、文化遺産として景観の保護も重視している。かつて軍港として栄えたエッサウィラの潜在的な魅力を充分に発揮することで、観光地として一挙に開発を進めることが目指された。それはメディアに露出を通じた「もの珍しさ」を刺激するような宣伝をおこなうのではなく、複数の関係者が主体的に参加し、その土地に住む人々の総意をできるだけ尊重することが重視された。

山々に囲われたエッサウィラは、観光客を呼び込むには不利な立地条件にある都市であるが、国際空港があるマラケシュから高速道路を使って二時間足らずでアクセス可能であり、上下水道と電力供給網も国により整備された。一九九二年のエッサウィラには、ホテルが一〇件足らずであったが、二〇一二年十月には二三七件ものホテルが立ち並ぶようになった。また、数えるほどであったレストランは、一五〇件を超えるほどに増加した。

わずか十年足らずで驚くほどの変貌を遂げ、モロッコ有数の観光都市にまで成長したエッサウィラの事例から言えることは、立地条件や初期条件が不利であろうが、その土地の魅力を引きだそうとする情熱と信念をもってすれば、持続可能な開発を実現することは可能だと言うことである。新しい観光都市の誕生を祝うフェスティバル会場で明らかとなったのは、エッサウィラの最大の魅力である。それは「他者性」であった。エッサウィラの文化である「スーィリ」の特徴は「他者性」であり、地中海地域全般で形成されてきたフェニキア、ローマ文化とは全く異なっている。スーィリは、北アフリカの先住民であるベルベル人の影響を受けながらも、周辺地域のユダヤ人と文化的な接触を持ち、やがて、アラブ・イスラム文明の支配下で文化が形成されていった。それらが歴史の深部に沈積することによって、スーィリは、いかなる宗教、歴史、起源を持つ他者と関係性を築き、深い受容性を持つことができるようになったのである。エッサウィラでは、何

(6) エッサウィラを文化遺産として保護する団体。

かを奪うのではなく、受け入れることで文化を築きあげてきた。

現在、エッサウィラでは、グナワと呼ばれる民族音楽フェスティバルが開催されている。このフェスティバルの開催にあたっては、当事者でさえも、どのような方向に向かうかは見当がつかなかった。だが、五日間のフェスティバルでは、世界から四〇万人を超える人々が参加し、町は一年間の売り上げに相当する利益を計上した。グナワ民族音楽フェスティバルのこのような成功は、エッサウィラというユニークな土地だから成し遂げることができたとみるべきであろうか。この問いに答えるために、他の音楽フェスティバルで試みられた挑戦についても触れてみたい。三日間にわたり街中で音楽を演奏し続けるアリゼのフェスティバルは、一三回目を数える頃には、世界中の音楽ファンが最も訪れたい街のひとつとして、世界に名を轟かせるようにまで成長している。九回目を迎えるアンダルシアの音楽フェスティバルでは、まさに世界でも唯一のコンサートをおこなっている。フェスティバルでは、ユダヤ教徒、イスラーム教徒、キリスト教徒が共に歌い、アラブ音楽、ユダヤの伝統楽器、フラメンコなどが共演している。まさに、アンダルシアにおけるイスラム教とユダヤ教、キリスト教の歴史を表現するかのようなフェスティバルが開催されている。

スーィリ文化の事例は、象徴的で、活動的な地中海世界が選択すべき発展の無限の可能性を示してくれている。地中海から八〇〇キロ以上も離れた大西洋岸の港街エッサウィラは、我々の想像を超えた事例であるが、その基軸は、地域にしっかりと根ざしたものである。

以上の事例を通じて言えることは、地中海世界の文明は、最高レベルの近代性と象徴性、真正さを備えており、信頼と伝統、深い歴史に打ち立てられてきたものであることを示している。地中海世界は、エッサウィラが選択した道を参照し、あらゆる情熱をかけて、すぐにでも行動に移すべきである。

アンドレ・アズレー

モハンマド六世国王側近、アンナ・リンド基金文化担当局長このような地域の発展は、文化的側面と深く関係しており、これまでの概念とは異なった政治的な選択や戦略を採用する必要があるということである。我々が歴史を想起するとき、そこには他国との「交流」よりも「紛争」の歴史のほうが、深くその記憶に刻まれていると言えよう。植民地化、征服と支配、独立戦争といった負の歴史は、〝外国人嫌い〟を助長し、自虐史観や文化的分断を引き起こしがちである。その結果として、豊かな文化や文明を発展させ、統合させる、あらゆる可能性の扉を閉じてしまうことにつながりかねない。

　対立や紛争の論理からは、不正や不信、不満しか生まないし、その結果から生じるのは、過激主義思想や絶望である。そして、対立や紛争は、永遠に止むことのない憎悪の連鎖を生みだすことになるだろう。サラ・ウィルメットによれば、「ヨーロッパ人からすれば、宗教的な規範に支配されたイスラム世界の人々の生活習慣は、時代遅れとしか、考えられていない。その逆に、イスラム世界の人々にとって、ヨーロッパ世界の世俗主義《ライシテ》は、充分に理解されていない。イスラム世界の人々にとっては、世俗主義《ライシテ》は、宗教的な秩序を乱し、人々を堕落させる原因と考えられている」。

　このような相互不信からは、北側世界では恐怖や不信感が広がり、南側世界では怒りや不満といった感情しか生まれてこない。ましてや、世界でも類い稀なる地中海世界の文化を統一して、発展させることなどできないだろう。同じことは、レジス・ドゥブレ、アンリ・ペナ＝ルイーズ、フィリップ・ソォレィ⑺

のような思想家の発言からも読みとれる。彼らによれば、「今こそ、文化的側面から発展への糸口を見つけるべきだ」。「宗教性や神聖な精神との結びつきを断つことで、はじめて文化に基づいた市民と市民の対話を開始することができる」と述べている。よりよい相互理解によってのみ「我らが海」と呼ばれる地中海世界が実現できるのである。最後にフェルナンド・ペソアによる言葉で締めくくりたい。「あらゆる言語、精神が共存しながらも、そこから発せされる思想はひとつ」。それが、地中海世界である。

三　地中海の文化的遺産——安全保障と経済の役割

北アフリカ諸国（地中海南部沿岸地域）の植民地独立以後の一九六〇年代、欧州経済共同体（ＥＥＣ）は、近隣諸国政策を重視してきた。しかしながら、地中海世界全体に対しての政策は、「地中海の

---

(7) *Ce que nous voile le voile: la République et le sacré*, Paris, Gallimard, 2004; *Qu'est ce que la laïcité*, Gallimard, «Folio Actuel», 2003; *La Laïcité scolaire. Autonomie individuelle et apprentissage du monde commun*, Berne, Peter Lang, 2008.

第三世界」に対する経済協力と金融支援を主軸に展開されてきた。「地中海世界は、その安全保障を確保するためにヨーロッパにとって注視されてきた」[8]。ポール・バルタによれば、「ブリュッセルで練り上げられたバルセロナ宣言の起草案では、文化的側面については全く触れられていなかった。バルセロナ宣言の三つ目の主軸では、その主要課題として、移民問題、密輸、テロ、国際犯罪が掲げられており、その文化やメディアの役割については、数十行の小さなパラグラフのみ触れられているだけである」。状況は明白である。ＥＵ・地中海パートナーシップを語るうえで、文化的側面は、とるに足らない問題であり、一九八九年にＥＵ委員会によって改めて提案された「地中海新機軸政策」（ＰＭＲ）おいても、その点はほとんど改善されておらず、メディア（Med-Médias）、教育（Med-campus）、投資（Med-Invest）、都市化（Med-Urbs）という項目が追記されただけであった。

しかしながら、中東情勢の悪化を受けて、ＥＵと地中海諸国とのパートナーシップ強化が要請されるなかで、文化的対話の重要性が改めて認識されるようになると、二〇〇二年にロマーノ・プロディ欧州委員長のイニシアティブのもとで委員会が組織され、見識者による新機軸対話の報告書が作成された。同報告書では、バルセロナ・プロセスにおいての、文化協力に関する三つのプログラムが提起されることとなった。すなわち、「文化遺産」（Euromed Heritage）[9]、「映画・音楽」（Euromed audiovisual）、「若者」（Euromed Jeuness）の各プログラムである。この三つのプログラムのなかで、最も注目すべきであるのは、「過去の遺産を受け継いだ未来の創出」と題された「文化遺産」プログラムである。バルセロナ会議の五か月後には、その最初のプログラムが実施されている。「文化遺産」プログラムの最大の課題は、財政基盤の確保と同時に、バルセロナ宣言によって示された文化的な対話と歴史的遺産の共有である。同プログラムの名称には、フランス語の「遺産」と「財産」の二重の意味を含む、英語の「ヘリテージ」（*Heritage*）という言葉が選択されている。バルセロナ・プロセス自体は、その機能不全と非効率性によって厳しい批判に晒されたが、「文化遺産」プログラムに関してだけは、きわめて有効に機能したといえよう。文化は、北側世界と南側世界が平等な関係を築くことが期待される唯一の領域であった。豊かな文化は、北側世界と同様に南側世界においても築かれてきたからである。「……地中海世界のすべての参加国は、考古学的な文化遺産や荘厳な建築物、また伝統文化を有している」。南北両

（8）Béatrice Hibou, « Les faces cachées du partenariat euroméditerranéen », *Critique internationale*, n°18, 2003, pp.114-116.

（9）EU・地中海文化遺産。EU・地中海パートナーシップの一環として実施された文化プログラムで、EU委員会による金融支援がおこなわれた。ここで言う「遺産」は、文化面と経済面の二つの側面から捉えられており、プログラムは四つの基軸（遺産の活用、人材開発、持続可能な発展、経験を活かした文化遺産の保護・補修政策支援）で構成される。

岸が豊かな文化を有している一方、政治経済分野においては、その均衡は保ち難いと言わざるを得ない状況にある。[10] 地中海世界で文化的対話を促進するためには、その地域に眠っている遺産を再発見していかなければならないだろう。

そして、その目的は、「文化遺産は、EUと地中海地域が共有するものであるという考え方に基づいて、地域のもつ様々な伝統や慣習を統合し、その有形・無形の関係性に一筋の光をあてるにはどうしたらよいか考えることである。このことによってのみ、両地域は、寛容の精神に基づいた真の意味での開かれた政治を築きあげることができ、平和と地域の安定性をもたらす手段を獲得することができるのである[11]」。

このようなプログラムの主要な目的は、異なる文化圏の相互理解や対話に置かれていることに疑いようもないが、同時に、このことが経済発展において重要な要素となりうることも看過してはならない。実際に、文化遺産や伝統の分野——直接的には観光や伝統手工業——において、雇用創出や付加価値の創出に大きく貢献することも不可能ではない。一九九六〜九八年にかけて、ロドス島やボローニャにおいて、水資源やエネルギー、商業、工業部門と同時に、文化についてのシンポジウムが開催された際、地中海世界の文化大臣たちは、「EU・地中海における文化的パートナーシップの本格的な行動への着手」を目指すことで一致した。[12]

文化は紛争や対立を超え、人々の交流を促進する手段であり、祝祭や興行、芸術の出会いの場である。地中海世界の研究者に課せられた課題は、あらゆる文化的な行動を動員することで、人々の和解を進め、地中海の南部と東部で固定化された「分断」の論理を超えて、着実な歩を進めることのできる希望を見いだすことである。統一的な意思と協力に基づく「ＥＵ地中海世界」という新たな地政学的アクターを生みだすことが、地中海南部地域の統合を実現するうえで必要な絶対条件である。

（10）Commission Européenne, *Euromed Heritage: créer un avenir qui prend soin du passé*, Office des publications officielles des Communautés européennes, 2002.

（11）Dossier spécial Euromed n°17, « Programme Euromed Heritage : le patrimoine culturel au cœur du patrenariat euroméditerranéen », 29 septembre 2000, p.2.

（12）« Déclaration de la rencontre des ministres compétentes », 一九九六年ボローニャで開催。

第四章　アラブの春――地中海世界の論理とその位置づけ

二〇一〇年一月に口火を切ったアラブ世界の民衆による蜂起の影響は、アラブ世界はもちろん、さらに多くの地域の社会、経済、政治的な問題にまで拡大していった。このアラブ世界における民衆の蜂起は、かねてからこの地域で社会的な憤懣《ふんまん》が渦巻いていただけでなく、人々の民主化への希求がいかに強かったかを世界に知らしめることになった。

世界経済の危機がすでに三年を経過しつつあるなかで、北アフリカ（地中海南沿岸地域）の民衆がともに立ち上がり、はじめて自由と民主化を求める運動を開始したのである。これらの運動は、単に若者の抵抗運動として片づけることはできない。まして、体制への憤懣を、暴力を含めたあらゆる手段を通じて、長い間おこなってきたイスラム原理主義グループの行動とも違っていた。それは、「大衆に蔓延した苛立ち」の帰結であった。そうであるならば、我々の疑問は、地中海の南沿岸に広がる多くの諸国で、今日に至るまで、なぜこのような民主化運動が例外的に発生しなかったのか、その地政学的理由はいかなるものであるか、ということである。さらに、「アラブの春」という民衆の蜂起のあと、北アフリカ諸国のパワーバランスは、どのように塗り替えられたのか、ということである。北アフリカ諸国は、民衆たちが自らの手で打ちたてた課題を、どのようにして解決していくべきなのか。「正義」と「民主主義」に立脚した新しい社会を構築することができるのだろうか。

一　アラブ世界の例外——自由と独裁の狭間で

「アラブ世界の例外」という言葉があるが、この言葉は、アラブ人は「自由」や「民主化」、「政党政治」に関心がないことを暗に示している。しかし、この言葉が生まれた背景を考えれば、次のような疑問も生じるだろう。アラブ世界に共通する無関心は、果たして自ら選択したものなのか、それとも誰かに強制されたものなのか。もし他国の干渉のもとに生まれたのであるならば、欧米列強諸国は、「アラブ世界の例外」を維持するために、どの程度まで関与してきたのか。アラブ諸国のパワーバランスに与えた影響はいかなるものであったのか。

植民地独立後のアラブ諸国では、権威主義的な政治体制や独裁政権が多くみられ、このような統治のあり方は、「アラブ化」「イスラム化」という言説を用いることによって正当化され、アラブ世界を取り巻く政治的な対外関係は、無関係とされてきた。この意味において、アラブ・ナショナリズムは数十年にわたり正当化され、政治的意思あるいは「アラブ化」の名のもとに絶対的な政治権力の妥当性が担保されてきた。

ときの権力者は、国内での対立や社会的な緊張を抑えるためにナショナリズムや汎アラブ主義を優先させ、経済発展や国民の社会的な期待に応えようとすることはなかった。アラブ世界の統一を掲げ、国民の団結を訴えることで、強圧的な権力者は民衆との亀裂を回避し、あらゆる叛乱の潜在的可能性を根絶やしにすることを可能にしたのである。[1]支配階級は、家父長制、君主制、部族制に代表される伝統的なイスラム的価値観に正当性を与えるため、バラマキ型政治や公的資源の配分に終始することになった。このような体制のもとでは、イスラム教は、政治的目的や秩序安定を達成するための手段となる。アラブにおける「国家とイスラム教は、切っても切れない関係である[2]」のは、疑いようのない事実となった。多くのアラブ諸国が、イスラム教の教義を説きながら、そこに信仰のみならず、法律や統治のあり方も認めている。

また、独裁政権や支配階級の永続性を維持するため、軍のトップや権力者の親族が欧米列強の日和見主義的な政権と連携を結ぶのも珍しいことではない。このことは、次の理由から説明できる。ひとつは、アラブ諸国の政権が安定的で、欧米諸国への忠誠を誓うのならば、欧米諸国にとって、むしろ独裁政権のほうが都合のよい場合があるからである。また、当該諸国の権力者と同盟関係を結ぶことで、石油という天然資源へのアクセスが可能になり、石油採掘から超過利潤《レント》を吸い上げ、欧米諸国にとっての大きな利益につながることになるからである。

同時に、アラブの独裁政権の特徴である断固たる抵抗姿勢もまた、欧米諸国による支援がその背景にはある。そのキーワードとなる言葉は、「石油」と「特例としてのイスラエル」である。実際、米国やヨーロッパ諸国がＯＰＥＣ（石油輸出国機構）諸国やイスラエルの近隣国に対して優遇策をとっているのは、次のような地政学的な動機に基づくものである。

（1）Jocelyne Dakhlia, *Tunisie, un pays sans bruit*, Arles, Actes Sud, 2011 ; Jean Leca, « La démocratization dans le monde arabe : incertitude, vulnérabilité, légitimité », Ghassan Salamé (dir.), *Démocratie sans démocrates*, Paris, Fayard, 1993.

（2）Ahmed Mahiou, « État de droit dans le monde arabe, Rapport introductif », Ahmed Mahiou (dir.), *L'État de droit dans le monde arabe*, Paris, CNRS Éditions, 1997, p.7.

- イスラエル・パレスチナを震源とする紛争地域の安定性の確保
- イスラム原理主義勢力の増幅に対する一定の歯止め
- 炭化水素資源の豊富な地域に対する支配力の強化

このように「アラブ世界の例外」は、「アラブ化」やイスラム教と政治の関係、欧米列強諸国の関与など、さまざまな要因が影響して、揺るぎない権力構造が形成されてきた結果と言える。しかしながら、近年の「アラブの春」にはじまる「熱気」は、ついに「アラブ世界の例外」を瓦解させ、アラブ世界に構築されてきた強固な権力構造の正当性を崩壊に導く事態であることは間違いない。

「アラブ世界の例外」という言葉が、その意味を失い、危機に陥ったのは、二〇一〇年十二月を契機としている。「アラブの春」にはじまる一連の危機が生じた背景には、さまざまな原因が指摘されているが、最大の要因として強調すべきであるのは、汚職にまみれ機能不全をおこしていた公共サービス・制度である。すなわち北アフリカの多くの諸国は、あらゆる公共サービス（教育、医療、その他）が壊滅状態に陥り、国家の機能不全が社会全体を覆い尽くす「インフォーマル国家」となっていた。このような「インフォーマル国家」は、チュニジアのイスラム政党アンナハダ、エジプトのキファーヤ運動（二〇〇四年結成）、モロッコの「正義と善行」（ＡＷＩ）といった政治政党の出現を促すことにつながり、当局による取り締まりや非合法化措置を受けながらも、その支持母体を拡大させることに成功した。

政治的文脈において「移行期」と評されようとも、実際には政治体制に「鍵」がかけられてしまったかのような状態の国もある。政治的な自由化から民主化へ向かう道のりで、なんらかの障害物が置かれている場合、どのようなことが起こるであろうか。民衆が体制に異議を唱え、抵抗運動を起こすことで、ますます混乱が助長され、そこかしこに行き詰まりの状況がうみだされていく。結果として、その国では、民主化を達成するための機会や自由な社会を実現する機会を失うことになるのである。

モロッコやアルジェリアが、このような状況にぴったりと当てはまる。アルジェリアのケースでは、民主化への扉にかかった閂《かんぬき》は、「軍」である。モロッコでは、一九九〇年代から民主化と政治的自由化プロセスが徐々に進行しているが、国王を頂点とする強大で堅固な権力機構が重しとなり、ブレーキを緩めることができずにいる。

このような膠着状態に陥っていた北アフリカの社会で、民衆は、「自らの命を焼き尽くす」英雄の登場を待ち望んでいた。二〇一〇年十二月十七日、チュニジアの青年であったモハメド・ブアジジの焼身自殺による抗議は、まさに民主化への号砲《スターター》となった。チュニジアは、ドミノ倒しの最初の一牌目の役目を果たし、その影響は北アフリカを越えて、中東地域にまで拡大していった。「アラブの春」の大きな特徴のひとつは、民衆を導く特定の指導者や政党がいなかったことである。そこには、ただ、「独裁政権は出てけ！」と叫び続けた、とてつもない数の民衆がいただけであった。その結果、チュニジアのベンアリ大統領による二十三年以上にもわたる長期独裁政権は、二〇一一年一月十四日に崩壊する。翌月の二十五日には、エジプトのムバラク大統領が退陣を発表し、数か月後には、リビアの指導者であったカダフィが処刑された。二〇一一年六月には、イエメンのアリー・アブドッラー・サーレハ大統領が、国外の医療施設へ治療のために移送された。

「アラブの春」にはじまった一連の政治変動では、ソーシャルネットワークが体制転換に決定的な役割を果たしたことが注目されている。民衆は、フェイスブック、メディア、情報コミュニケーション（NTIC）、その他さまざまなソーシャルネットワークを通じて、独裁政権の理不尽な政策や弾圧、抑圧に対する怒りや憤懣をあらわにし、多くの人々を動員することに成功したのである。そして、この体制転換への民衆の怒りと興奮は、マグレブや中東・北アフリカ（MENA）地域を越えて、世界へと伝播していったのである。

一方、モロッコやアルジェリアでは、なぜ同じような民衆による政治変動が生じなかったのだろうか？　モロッコでは、一九九〇年代にすでに自由化プロセスが実施され、国営企業と民間ビジネスの分野で改革や社会的公正を目指す政策が実施されてきたが、君主制に関する問題については触れられることはなかった。モロッコ国王は、二〇一一年三月九日、民主化の推進を目的とする憲法改正案を発表することで、「アラブの春」の動きに間接的な対応をみせた。文化的、言語的な多様性を認めたうえで、首相権限を強化し、司法制度の抜本的な改革を呼びかけた。二〇一一年二月二十日には、モロッコ国内で生じた抵抗運動の封じ込めにも成功し、民衆による大規模な政治運動への発展を回避したのである。

アルジェリアではどうであろうか？「アルジェリアの例外」には次の二つの理由が考えられるだろう。第一に、アルジェリアがこれまで辿ってきた歴史である。一九五六〜六二年のフランスからの植民地独立を懸けたアルジェリア独立戦争、民衆による暴動（一九八八年）が失敗に終わった後の一九九〇年代に経験したイスラム原理主義グループと軍部との悲惨な内戦――十年間で少なくとも一五万人もの人々が犠牲となった――これらの歴史は、アルジェリア人の心の傷として深く刻まれており、いまだに忘れることができないのである。第二に、数々の反体制運動は分断され、政党によって飼い馴らされてしまったことが挙げられる。「大衆運動」はなにかにつけて妨害されてしまい、それぞれの運動の方向性はバラバラであり、チュニジアやエジプトでみられたような多くの人々を動員し、政治的な圧力をかけるというスキームを再生産することは、アルジェリアではほとんど不可能となった。さらに「アルジェリアの例外」として重要な事実は、石油・天然ガスによる超過利潤の収益で潤う国家権力が、その利潤を権力者間で分配するとともに、補助金を通じて広く社会に再分配するシステムが確立されていることである。

同じ産油国でも、リビアの場合はアルジェリアと異なっている。人口密度が極端にまばらであり、リビア人の生活は、基本的な特徴である部族社会の構成要素と帰属意識に支えられている。リビアの独裁者であったカダフィに課せられてきた課題は、GDPの五八パーセントにも達する石油収益を、地域や部族ごとに均等な比率で、いかに注意深く分配するか、であった。このような再分配のバランスは、徐々に失われていき、特にカダフィの出身部族には数々の優遇措置を設ける一方で、その他の部族から政治的権利を剝奪してしまったことで、カダフィは、族長（国家元首）としての支持基盤を失ってしまったのである。四十年以上にもわたる独裁的で抑圧的な支配体制のもとで、民衆は民主化への希求を募らせていった。すでにカダフィの体制基盤は弱体化し、社会には深い亀裂が走っていたが、隣国チュニジアで起こった政変の影響（「ドミノ倒し効果」）、深刻な若者の失業問題などが最後の一押しとなり、リビアはあっけなく国家崩壊への道を突き進むことになった。

シリアも、「アラブの春」の影響により国家が崩壊した。アサド政権がみせた抵抗は、犬の遠吠えに過ぎなかった。シリアで生じた危機に、イランと湾岸アラブ諸国間の緊張状態、スンニ派とシーア派間の対立、ロシアとアメリカの対抗関係、さらには、中国とロシアがシリア側についたことで、地政学的な緊張に加えて、国際的なパワーバランスがシリアを引き裂き、恐怖と対立が増幅することにつながった。

この間、チュニジア、エジプト、リビア、モロッコでおこなわれた選挙は、国民の選択が試されたといえよう。これからの政治的手腕が期待され、社会的な活動が評価されたことで、イスラム政党が最初の民主的選挙での勝利を獲得することになった。

二　危機脱却にむけた地政学

サミュエル・ハンチントン(3)によれば、「第二次世界大戦後の世界には、三段階にわたり民主化の波が訪れてきた」、としている。最初の波は、一九七〇年代のポルトガル、スペイン、ギリシアにおける権威的な政治体制の崩壊である。二番目の波は、一九八〇年代中頃、ラテン・アメリカ諸国での独裁政権が

(3) *The Third World: Democratization in The Late Twentieth Century*, University of Oklahoma Press, 1991.〔サミュエル・P・ハンチントン『第三の波――20世紀後半の民主化』坪郷実・薮野祐三・中道寿一訳、三嶺書房、一九九五〕

崩壊したこと。最後の波は、ベルリンの壁の崩壊、それとともに旧ソビエト連邦の政治体制が完全に崩壊したことである。この最後の波は、少なからずサハラ以南のアフリカ諸国における独裁体制に影響を及ぼすことになった。世界に広がっていく民主化への動きは、イスラム社会にも大きな希望をもたらしたといえよう。

移行社会学者は、比較研究からのアプローチを採用している。これまでの民主化プロセスへの一連の動きを大局的に見てみると、ひとつの大きな潮流として理解することができる。国家の制度・体制が、移行から成熟へと向かう典型的なプロセスとして、公式のようにぴったりと当てはめることもできよう。しかしながら、民主化への移行プロセスを、画一的な処方箋として観察してしまうことは、やはりリスクがある。かつての全体主義国家や、一九七〇年代の地中海諸国、一九八〇年代の南米諸国の権威主義体制、さらに九〇年代の旧ソ連諸国における民主化過程は、それぞれに異なる特徴があり、相違がみられる。このように各地域、各国ごとに特徴や相違があることに議論の余地はないが、民主主義体制が、政府が真に採用し指標とすべき唯一の体制となったと考えてよいのだろうか。

ルソーは、『社会契約論』で「自由」の概念について次のように定義している。近代化は、法による統治、自由、人権によって確立される。このことは、近代化はどのようにしたら成し遂げられるのか、という次の問題が提起される。モンテスキューは、市民権の論理を展開して、市民とは何かという問題を提起した。そして、権力を一極に集中させるのではなく、立法権、行政権、司法権の三つの権利に分立させて近代国家として機能させることが、市民がその地位を確立するうえで必要であると指摘した。

十八世紀に提起されたこのような近代国家の定義に関して、現在ではもう一つの権力として、情報メディアの領域を付け加えなければならないだろう。「啓蒙の世紀」に成長した権力であり、公共のコミュニケーション手段を利用して、人々の期待や利益、見解を表現する権利であり、情報メディアに自由にアクセスする権利をもつことは、人々の要求として極めて重要な意味をもった。

一方、アラブ世界においては、このような表現の自由は、イスラム主義に立脚した政治的問題として取り扱われた。その動員能力は極めて高く、自由で透明性の確保された選挙において、大量の票を集めることができた。このような事態は、様々なケースを検討することができよう。

- 第一に、西欧諸国は、地政学的ポジションや経済的利益を確保したうえで、段階的な移行を行使する。イスラエルの国土を不可侵の領域として確保しつつ、アラブ世界、ライック、民主主義、親西欧の価値観に基づきながら政治的な従属を永続化させる。
- 第二に、西欧的価値観に極めて批判的な政府が誕生した場合、ヨーロッパとそれに同調するアラブ諸国間の秩序が一部不安定化する可能性があるだろう。

● 最後に、漸進的な民主体制の構築に向けた積極的な努力がおこなわれている。この進展のなかで、欧米諸国は、あくまで内政干渉に抵触しないかたちで、金融支援や政治的な手法を駆使する必要がある。

アラブ・イスラム圏の研究者によれば、以上のような欧米諸国への従属から脱却する選択肢として、トルコ・モデルを指摘している。トルコの政治体制は、外資の誘致、市場の自由化や自由貿易原則を遵守し、民主主義を実現しつつも、イスラム穏健派の政権を実質的に両立させることに成功した。同じ状況は、軍組織においても観察される。軍は、制度のライシテ〔非宗教性、脱宗教性〕を保障し、そのための裁量権を有している。今後、トルコのような政治体制がアラブ世界に広がりをみせるならば、次のような地政学的なバランスの変化が生じることになるだろう。

● ヨーロッパとマグレブ諸国との関係　「アラブの春」という政治変動を契機にして、マグレブ諸国は近代化への道を歩むことになるだろう。これまでのように南の諸国が貧しく、政治的に弱い立場にあることで優位に立つことができた北側諸国（ヨーロッパ）は、そのパワーバランスと競争力の変化に対応せざるを得なくなるだろう。マグレブ諸国は、今後、社会的連帯と民主主義を確立することで、経済的にも豊かな近代国家を建設することができる。

• **イスラエルの新しい位置づけ**　一連の政治変動を契機にして、アラブ社会に民主化がもたらされるのであれば、現在、中東地域で唯一の民主主義国家とされるイスラエルに対して、欧米諸国が支援し続ける正当性を失うことにある。逆にイスラエルは、ムバラク政権やベンアリ政権よりもずっと手強い（民主化されたアラブ国家という）交渉相手と対峙することになる。イスラエルは、核抑止力が働くことを想定して、これまで長期にわたりその所在が不明瞭であった核戦略の見直しを図ることになるかもしれない。

ベンアリ、ムバラク、アリー・アブドッラー・サーレハの退陣、カダフィの処刑からはじまり、さらに、モロッコやアルジェリアにおける憲法・制度改革へと続いていった一連の政治変動は、アラブ世界だけに留まらず、欧米諸国がこれまで塗り分けてきた世界の勢力均衡の地図を大きく変化させることになった。特に、シリア危機は、この点において決定的な契機となっている。

いま起きつつあるのは、「地域的叛乱のグローバル化」である。もしくは、「政治のグローバル化」と呼ぶべきかもしれない。一連の政治変動は、民主化への世界的な新たなうねりとして捉えることができるだろうし、将来の近代的な社会の建設に向けた標石《マイルストーン》となるべきものであろう。

最新の情報・通信技術を利用した新たな民衆による叛乱の動きは、権力による制御が困難となった。これらの出来事は、「思想のグローバル化」という新たな時代の幕開けとも言えるし、民主的な政策が実施されていない諸国で民衆の叛乱を喚起することにもつながった。二〇一一年二月以降、メキシコのオアハカ、ボリビア、アメリカ、中国において、無数の労働者が集結し、金融危機後に直面している自分たちの不安定な状況を叫び続けた。それは、多くの民衆を切り捨てた政策に対しての怒りでもあった。多くの人々が動員され、その運動は、他の地域へも広がりをみせ、そして、民主化への世界的なうねりが強化され、人々の心をつかんだのである。これらの運動は、腐敗した権力構造や社会的不正義への批判を伴いながらも、世界的なイデオロギーの転換を唱導する指導者や煽動者に導かれたものではない。

今後、世界では、民主的な選挙制度の確立、自由な情報アクセス、人権や表現の自由に立脚した国家や政治体制がますます広がりをみせることになるだろう。グローバル化は、単なる経済的な現象やイデオロギーではなく、「価値のグローバル化」ともいうべき現象が現実世界に起きている。

情報・通信技術の発展と民主化への動きは、前例のない規模と速度でグローバルな交流を実現し、モノ、サービス、情報の交換に留まらず、「思想のグローバル化」にまで発展しているのである。この「思想のグローバル化」という動きは、権力による検閲や弾圧、抑圧を困難なものにし、民衆による権利要求や民主化、市民権の行使、集会の自由や報道・表現の自由を促進することにつながった。

もうひとつ議論すべき問題は、宗教のもつ特性は、経済発展にどのような影響を与えるか、ということである。地中海南沿岸地域で起きている政治体制の変革は、その他の地域にとって、希望とともに経済的な不安も引き起こすものであった。複数の研究者が指摘しているように、これら諸国が経済的にどのような舵取りをおこない、どのような結果を残すかが、将来の政府のあり方を決めることになる。新たに選出された政権が、民衆の期待に応えるかたちで経済の建て直しを図ることができるかどうか、にかかっている。

北アフリカで民主的なプロセスを得て支持を獲得したイスラム政党（チュニジアのエンナハダ党[4]、モロッコの公正発展党[5]、エジプトの自由と公正党[6]）は、「誠実さ」「経済発展」「不平等の解消」をスロー

(4) 一九八一年にチュニジアで「イスラム志向運動」（ＭＴＩ）として設立されたイスラム政党。一九八九年に、ナフダ運動に改称した。二〇一一年にベンアリ大統領の亡命の後に実施された国政選挙で、八九議席を獲得し、第一党となった。

(5) 一九六〇年代に設立されたモロッコのイスラム政党。モロッコ議会の三二五議席中、一九九七年には九議席、二〇〇二年には四二議席、二〇〇七年には四六議席を獲得し、二〇一一年には一〇七議席にまで議席数を伸ばした。

(6) ムバラク政権崩壊後の二〇一一年にムスリム同胞団が結成を発表した。ナセル主義の尊厳党や新ワフド党との連立を表明している。

ガンに掲げてきた。イスラム政党は、規律と保守主義を重視し、「節度ある経済」を掲げて、民衆の圧倒的支持を獲得することに成功した。

しかしながら、今後、政府が直面し、その能力を発揮しなければならない課題は、（市場重視の）自由主義と危機における統制経済を、どのようにして調整を図るかということである。パトリック・ハエニ[7]は著書『イスラム市場』において、イスラム教に必ずしも依拠しない政策が実行可能であることを正確に描写している。例えば、トルコの公正発展党（ＡＫＰ）は、経済発展の実現を選挙活動の重要な公約として掲げており、これまで九年間にわたり選挙での勝利をおさめてきた。二〇一一年、レジェップ・タイイップ・エルドアン首相（当時）〔二〇一四年八月からは大統領〕は、選挙活動において、二〇〇三年以降に実現されてきた輝かしい経済発展を次々と指摘し、その経済的貢献を強調した。具体的には、一〇年足らずの間に、トルコの一人当たりＧＤＰは、三〇〇〇ドルから一万一〇〇〇ドルへと増加し、近隣のヨーロッパ諸国が経済危機に陥るなかで、二〇一〇年のトルコの経済成長率は八パーセントを突破した。このトルコの近年の政治経済情勢が示しているのは、イスラム主義はプラグマティズム（実利主義）と相反しないという事実である。グローバリゼーションは、生産効率を要求し、市場の論理に従うことを絶対条件とするものであり、自由主義と商業主義は地球上のあらゆる地域に浸透している。だからといって、イスラムの考え方とその実践がオルタナティブとして無効であり、自由主義や商業主義と完全に相反することだとは限らない。トルコの公正発展党はその立ち上げの時点で、伝統的なイスラム価値観に固執し、反自由主義や反西欧主義を掲げる政党であっただろうか（そうではないだろう）。レバノンでの連立政権を確立したイスラム原理主義政党のヒズボラも、電力市場の民営化には積極的な姿勢を示していた。

エジプト、モロッコ、チュニジアは、ヨーロッパと深い経済的な関係を維持しており、過去一五年間にわたり最大の経済パートナー国である。GDPの約一六パーセントを占める観光部門は、北アフリカ諸国において極めて重要な産業であるが、近年のイスラム政党が重視しているのは、ヨーロッパや新興国からの投資を誘致することや、中国やロシアへの投資を増加させつつある湾岸の投資家を呼び戻すことである。

「アラブの春」の影響を受けたアラブ諸国の状況は、すでに不安定であった民衆を、さらに厳しい状況に追い込んでいる。イスラム政党は、観光部門や外国投資を活性化させることにより、経済を安定化させ、人々に安心感を持たせることが最優先であることに気づいている。イスラム政党は、伝統的な思考は保持しつつも、経済パフォーマンスの改善や企業競争力の強化を目指しているのである。

（7）Patrick Haeni, *Islam de marché. L'autre révolution conservatrice*, Paris, Le Seuil, 2005.

アラブ世界で生じている政治的変動や騒乱は、アラブ地域の政治体制や社会のあり方を再構築する過程として捉えることができるだろう。そのプロセスは、いわゆる自由や市民権といった近代的価値観が剝き出しになるまで終わることはないだろう。過去数十年にわたりアラブ世界の象徴とされてきた独裁体制は、北アフリカや中東では当然の政治体制と考えられてきたが、そのような独裁体制は、「近代化」「民主化」「表現の自由」に表現される新たな時代の到来に道を譲り、次第に消えゆく存在となるであろう。

アラブ世界には、これまでの歴史で経験したことのない新生の時代が到来している。長い間、ナショナリズムやイスラム主義の名のもとに、抑圧され、排除され続けてきた民衆たちの運命は、自らの手で切り開かれた。メディア、情報・通信技術の発展は、民衆たちの運動や変革の重要な要素であったが、手段のひとつであったに過ぎない。アラブ世界は、社会の成熟化を導く「政治のグローバル化」という新たな潮流のなかに突入しつつある。

第五章　水資源とエネルギー資源——地中海世界の挑戦と地政学的な役割

地政学的な見地からみた地中海世界の重要課題は、水資源とエネルギー資源の問題である。水資源やエネルギー資源にかかわる政策は、国家による管理問題であると同時に、国際的な協調と対応が必要な問題でもある。資源の賦存状態、その需要動向、温暖化の影響やその対応、エネルギーミックス（構成比）などは、地中海の国ごとに異なっている。また、資源富裕国と不足国、資源輸出国と輸入国、複数国にわたる共有資源がある場合にどのように分配するかなど、国際的な協調と対応が必要とされる。

本章では、水資源の賦存状態と水資源をめぐる地政学的な状況（近東・ナイル川流域）、エネルギー・電力部門においての資源・インフラ整備に関する分析、さらにエネルギー・水資源の代替エネルギーの可能性とその環境への影響について、現在の地中海世界が直面する課題や将来の展望について分析を加えていく。

一　地中海世界における水資源の地域的不均衡と不安定化リスク

地中海世界をとりまく諸国の水資源の賦存状況は、極めて不均衡な状況となっている。地中海地域では、水資源全体の七二パーセントがヨーロッパ諸国（地中海北部沿岸）に集中しており、地中海東部沿岸には二三パーセント、南部沿岸にはわずかに五パーセントの比率となっている[1]（九六頁、表1参照）。

特に、エジプト、イスラエル、ガザ地区、リビア、マルタ、シリアでは、慢性的な水不足が観測されており、降雨量が極端に少なく水不足が深刻な年がたびたび観測されている。モロッコでは一九八〇～八五年、一九九〇～九五年、チュニジアでは一九八五～八九年、一九九三～九五年、一九九九～二〇〇一年、スペインでは一九八〇～八一年、一九九〇～九五年、キプロスでは一九八九～九一年、一九九五～九八年、ギリシアでは一九九〇～九二年、一九九七～二〇〇〇年である。フランス南部やイタリアでも同じような水不足に悩まされることもある。地球の平均気温よりも温暖な地域では、気候変動の影響を受けやすく、近年、深刻な降雨量の減少と水不足が生じている。

国連環境計画（ＵＮＥＰ）は一九七八年に、地中海諸国を以下の三グループに分類して、地中海行動計画を発表した（表1参照）。

グループ１　水資源が比較的豊富（一人当たりの利用可能水量が年間三〇〇〇立方メートル以上）で、水需要が安定しているヨーロッパ諸国。

グループ２　水資源は充足している（一人当たりの利用可能水量が年間一〇〇〇〜三〇〇〇立方メートル）が、水需要が漸増している諸国（スペイン、モロッコ、キプロス、トルコ、シリア、レバノン）。このような諸国では、隔年で水不足が発生することもあるうえ、一部の地域で砂漠化や乾燥化（モロッコ、スペイン）が進んでいる。

グループ３　慢性的な水資源の不足（一人当たり利用可能水量が年間一〇〇〇立方メートル以下）の諸国。これら乾燥国では、慢性的な水不足であるうえに急激な人口増加により水不足が悪化傾向になる。

（１）ＭＥＤＴＡＣ（Mediterranean Technical Advisory Committee）統計による。ＭＥＤＴＡＣとは一九九九年に地中海地域の技術支援機構として設立され、二〇〇二年以降は、ＧＷＰ‐ＭＥＤに改称された。ＧＷＰ‐ＭＥＤは、水資源の管理問題にかかわる国際ネットワークである世界水資源パートナーシップ（ＧＷＰ）の地中海地域機構としての位置づけ。

		グループ1	グループ2	グループ3
グループ（国または自治政府）		フランス，イタリア，ポルトガル，ギリシア，スロベニア，クロアチア，ボスニア・ヘルツェゴビナ，アルバニア，ユーゴスラビア連邦共和国	スペイン，キプロス，シリア，レバノン，モロッコ，トルコ共和国	マルタ，イスラエル，パレスチナ自治政府，ヨルダン，アルジェリア，チュニジア，エジプト，リビア
人口の変動		安定または減少傾向	安定（スペイン），または増加（その他南東部諸国）傾向	強い増加傾向
水資源（一人当たり）	m^3/年	3000以上，バルカン諸国では2000以上	1000以上，トルコでは3200以上（最大）	500以下（ガザ，マルタでは100以下），エジプトでは約1000
	傾向	2025年（またはそれ以降）まで安定	スペインでは安定，南東部諸国では減少	減少（または急激な減少）
	2025年の予測 m^3/年	2000以上	スペイン3000以上，南東部諸国1000以下	100～300，エジプト約600，リビア50以下
水の需要（一人当たり）	m^3/年	少量～中程度，EUでは700～800，バルカン諸国では200～400	中程度～多量，300～1000	レバント，マルタ，マグレブでは少量の100～400，エジプト，リビアでは多量の800～1000
	傾向	微増もしくは減少	スペイン，キプロス，モロッコで減少，トルコ，リビアで増加	マグレブでゆるやかな増加，イスラエルで安定，エジプト，リビアで減少

表1

水は、人間の生存基盤であり、社会・経済的に基本的で不可欠な役割を担っている（農業部門における水の利用率は、地域全体が必要とする量の六割しか満たしていない）ため、人間生活の極めて本質的な課題であると同時に、それゆえに将来的には大きな紛争の火種ともなりうるのである。

国際法[2]では、「国際間でバランスよく、かつ合理的に水資源を利用する」と規定されているが、中東やナイル川流域の国々では、しばしば水資源をめぐって政治的に対立し、適正な水資源の分配が損なわれるリスクを抱えている。

このようなリスクを抱える中東の地域は、次の四地域である。レバノン南部を流域とするリタニ川とその水資源を切望するイスラエル。シリアのゴラン高原を上流に、ヨルダン、イスラエルとパレスチナ自治区の国境となる三六〇キロのヨルダン川。イスラエルとパレスチナ自治区の領域内にある地下水脈。トルコ、イラク、シリアの間に流れるチグリス・ユーフラテス川。

リタニ川は、イスラエルが建国される以前から、その導水が検討されていた。一九一九年のパリ講和会議の際、シオニストたちはリタニ川とヨルダンの一部を含む領土の獲得を要望したが失敗に終わっている。以来、水資源の乏しいイスラエルは、周辺国と水利権の支配をめぐり絶え間のない紛争を続けて

（2）国際連合による「国際水路の非航行的利用に関する条約」（一九九七年採択）。

きた（表1参照）。一九七八年のイスラエルによるレバノン侵攻においてリタニ川の水利権を獲得したあと、一九八二年、一九八五年とレバノンへの侵攻を繰り返した。ヨルダンについては、イスラエル建国時一九四七年から第一次中東戦争終結の一九四九年にかけて、続く一九六七年の六日間戦争〔第三次中東戦争〕で、ヨルダンの主要な水資源をイスラエルの支配下においた。イスラエル政府は、水資源を「軍事的コントロール下におかれた戦略的資源」と宣言し、「あらかじめ対象地域を統括する総司令官の認可を得られない場合、いかなる場合においても、水処理施設の建設、所有、運営、利用は禁止する」(3)とした。このようにして水資源の利用に関する既成事実がつくられたため、イスラエル周辺国であるシリア、ヨルダン、パレスチナ自治区は、このような規定に従わなければならなくなった。

イスラエル、パレスチナ間にひろがる地下水脈の共同利用に関しては、現在に至っても全く解決の糸口が見えない状態にある。パレスチナ自治区の多くの村落では、深刻な水不足が慢性化しているが、新たに井戸を建設するためにはイスラエル側の許可を得なければならない。一方で、ユダヤ人の入植地域においては、補助金を受けた水道料金が適用されており、事実上、無制限に近い水利用が可能である。一九九五年九月二十八日に締結されたオスロー合意では、水資源の利用についての明確な規定がさだめられた。そのなかで、パレスチナ自治区は一八パーセント、イスラエルは八二パーセントの水の分配比率が規定されており、イスラエルの優位性があらためて確認されることとなった。

同様に、チグリス・ユーフラテス流域の水資源の運用も、関係諸国間の重要な課題となっている。チグリス・ユーフラテス流域は、トルコのクルド南部を源流としており、シリア国内とイラク国内に広がっている。上流に位置するトルコ政府は、大アナトリア計画[4]（GAP）と呼ばれる巨大ダムの建設を通じて水量コントロールをおこなうことで、シリア、イラクとの政治的な緊張状態を生むこととなった。

アフリカのナイル川流域の状況も同様である。エジプトは、国内の水資源の九五パーセント以上をナイル川に依存しているが、ナイル川の源流はビクトリア湖（ウガンダ、ケニア、タンザニアが隣接）とタナ湖（エチオピア）にある。一九七九年、アンワル・アッ＝サダト大統領は、エジプト人の生活は「一〇〇パーセントナイル川に依存しており」、「エジプトが開戦を余儀なくさせられるとすれば、それは水資源を巡る争いである」と指摘したほどである。一九二九年、および一九五九年に締結された水資

（3）一九六七年八月十五日政令九二号及び一九六七年十月三十日政令一五八号ヨルダン川西岸の水管理法改正。

（4）トルコのアジア部分にあたるアナトリア半島南西部において一九七六年に開始された巨大ダム建設プロジェクト。総費用は三二〇億ドルに達した。二〇一四年までに一八〇万ヘクタールの灌漑整備を実施し、チグリス・ユーフラテス川流域に二二のダムを建設するとともに、一九の水力発電所を建設して七四七六MWの発電事業をおこなっている。

源の利用協定によれば、エジプトの利用水量は年間五五〇億立方メートル、スーダンでは一八五億立方メートルと規定されている。しかしながら、上流に位置するエチオピアとケニアが水資源開発の主権を握っている限り、この協定の実効力はないものと考えられている。現時点では、外交的努力を通じて当事国の緊張は極限まで達することを逃れているが、将来、人口増加と水不足が深刻化した場合、その限りではない。

二　地中海世界におけるエネルギー資源の独立と安全保障

地中海の南沿岸諸国及び東沿岸諸国は、豊富な地下天然資源（石油・天然ガス）の賦存を特徴としており、地下天然資源の供給（輸出）国として地政学的に重要な位置づけとなっている。一方、地中海北沿岸に位置するヨーロッパ諸国は、そうしたエネルギー資源に対して高い依存関係にある。北アフリカを中心とするエネルギー輸出国は、炭化水素資源（石油・天然ガス）への一元的な依存を特徴としており、経済構造の多様化も実現していない。そして、ヨーロッパ諸国は、これらの資源国に大きく依存する関係となっている。

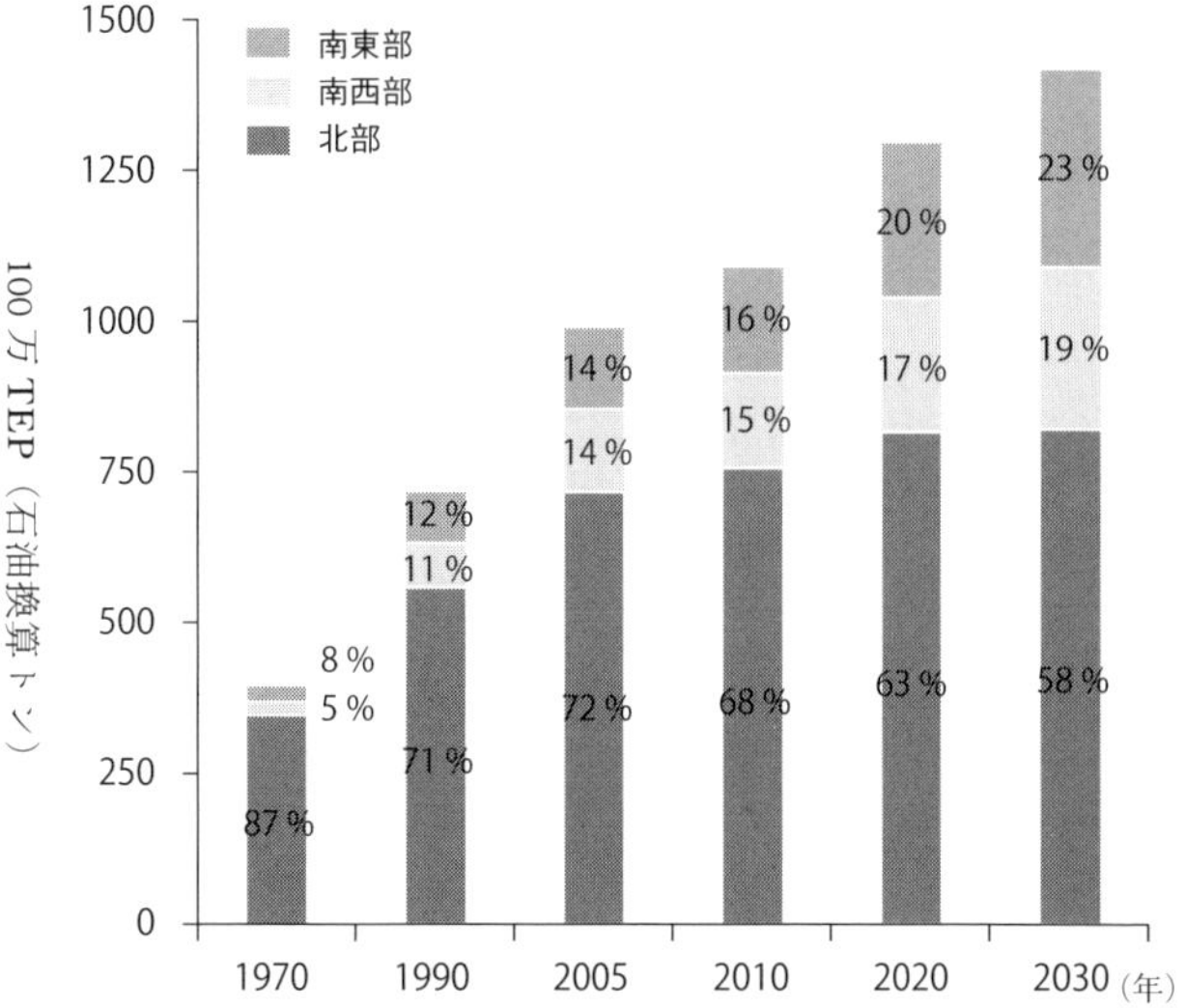

地中海地域における地域別一次エネルギー需要
（出所）OME MEP 2008, www.ome.org

アルジェリア、リビア、エジプト、（少ない割合であるが）シリアは、地中海世界全体の約二〇パーセントに相当する石油の供給、ガスでは三五パーセントを供給している。エネルギー資源の輸出入均衡が実現しているチュニジアを除き、その他のすべての地中海諸国は、エネルギー資源の輸入超過国である。但し、近年では、ガザ地区、イスラエル、リビア、シリア、キプロスの海域で巨大な石油・ガス田が新たに発見されており、周辺諸国の地政学的変化、緊張の高まりが生じる可能性も指摘されている。米国の地質調査機関（USGS）によれば、同地域の推定埋蔵量は、石油が一六・八億バレル、天然ガスが三兆四五〇〇億立方メートルとなっている。

以上のような石油、天然ガスに石炭を加えた三大化石燃料は、地中海諸国のエネルギー利用平均の八割を占めている。石油資源が最大のエネルギー源であることは変わりがないが、近年では天然ガスの利用量が徐々に増加傾向にある。

さらに、北アフリカ（地中海南沿岸）および地中海東沿岸諸国の急激な人口増と経済成長により、電力不足が深刻化しており、発電所の建設などの電源開発の必要性も指摘されている。ヨーロッパ諸国と比較した場合、北アフリカや東沿岸諸国の電力需要は五倍のペースで増加しており、地中海エネルギー機関（ＯＭＥ）の予測によれば、北アフリカ及び東沿岸諸国は、一九九〇年のエネルギー需要は地中海全体の二三パーセントを占めるに過ぎなかったが、二〇三〇年には四二パーセントにまで増加すると指摘している。

北アフリカと同様にヨーロッパ諸国においても、今後数十年間で、炭化水素資源の供給源の確保と同時に、輸送インフラ、貯蔵、市場販売のために巨額の投資が必要であると予想されており、エネルギー資源が乏しい国は、安定的な供給を実現するためにも、エネルギー構成比（エネルギーミックス）をさらに多様化させる政策が不可欠となっている。一方、〔アルジェリアのような〕炭化水素資源富裕国は、ヨーロッパのエネルギー輸入国との経済協力や、国営会社ソナトラックがスペイン、イタリア、ポルトガルへと次々にその子会社を設立しているように、ヨーロッパで確実なエネルギー市場を形成していく必要がある。

三　エネルギー・水資源の代替可能性

エネルギー資源や水資源の供給面での安全保障を強化するために注目されているのは、再生可能エネルギーの利用や淡水化事業である。

慢性的な水不足、地下水などの水資源の利用が限界に達している諸国は、淡水化という「非従来型」の資源利用にも目を向ける必要がある。海水の淡水化事業や、塩分を含んだ地下水の淡水化の試みは、マルタやキプロス、バレアレス諸島、ギリシアの諸島といった一部の地域で開始されていたが、次第に乾燥気候に属する北アフリカ沿海部のリビアやアルジェリアへと普及していった。試算によれば、地中海周辺地域では、淡水化により日量一〇〇〇万立方メートルの水生産が可能であり、一億五〇〇〇万人の人々への供給が可能である（ブルー・プラン[5]試算）。但し、淡水化事業のコストは極めて高く、エネ

(5) 地中海世界の持続可能な発展の実現に向けた自然環境保護に関する協力事業。国連環境計画の資源環境保護に向けた地中海地域の行動計画の枠組み内で実施された。

ルギー資源も大量に必要とする。そのため、自然環境の破壊（塩水の破棄、大量の温室効果ガス排出）というリスクも考慮しなければならない。

国際資源価格の高騰が続いていることや、有限なエネルギー資源が将来的に枯渇することが予想されることから、再生可能エネルギーの活用が新しいパラダイムとして注目されている。二〇〇八年にEU委員会にて採択された「環境計画」（自然エネルギーに関するEU指令）では、二〇二〇年までに温室効果ガスの二〇パーセント削減とエネルギー需要の二〇パーセントを自然エネルギーで代替することが目標とされた。

地中海世界にあらためて目を転じてみれば、太陽光と風力という再生可能エネルギー資源がこれほど豊富な地域は他に見当たらないことがわかる。それゆえ、将来の投資先としても、いま世界中の注目を浴びている。ドイツの物理学者ゲルハルト・ニース博士は、サハラ砂漠の二パーセントほどの土地を有効利用すれば、ヨーロッパ全土の電力供給を実現することも可能である、と指摘しており、ゲルハルト博士が発案者となり、「デザーテック・プロジェクト」（Desertec）が二〇〇八年に開始されている。同プロジェクトでは、二〇五〇年までにヨーロッパにおける電力消費のうち一五パーセントに相当する電力を太陽光・風力エネルギーで供給するという壮大なプランが発表されている。サハラ砂漠の太陽光エネルギーと風力エネルギーの巨大なポテンシャルを活用する「デザーテック・プロジェクト」の総投資額は、四〇〇〇億ユーロにも達する。二〇〇九年には、五六社の関連事業会社（ドイツではシーメンス社、E・ONが参加）が参加を表明し、実現に向けた試験的プロジェクト（Saiwanプロジェクト）が始動され、モロッコでの一五〇MWの太陽光発電設備の建設計画（投資額六億ユーロ、二〇一五年完成）も発表された。二〇〇八年にフランス主導のもと設立された「地中海連合」（UPM）では、主要六プロジェクトのうちのフラッグシップ・プロジェクトとして「地中海ソーラープラン」（MSP）が発表され、二〇二〇年までの長期計画において、地中海諸国の需要増加分の一〇パーセント相当の二〇GW（二万MW）の電力を太陽光・太陽熱発電によって供給することが定められた。このような電源開発の増大にともない、大陸間での送電および配電網を拡充するため、フランス主導による新たな再生可能エネルギー事業の実現が期待されている。そのひとつが、「地中海送電網計画」[6]であり、フランスの

(6) MEDGRID。フランスによって主導された産業コンソーシアム。地中海地域の企業二〇社が参加し、フランス企業では、フランスガス公社（GDF）、スエズ（Suez）、フランス電力会社（EDF）、アレバ社（Areva）が参加している。設立当初は「トランス・グリーン・イニシアティブ」と名づけられ、電力融通網の開発・建設事業にかかわる実現可能性《フィージビリティ》調査の実施を目的として設立された。北アフリカでは、サハラ砂漠における太陽光・熱を中心とした再生可能エネルギーの開発をおこない、ヨーロッパおよび地中海を横断する長距離電力融通網の形成を企図している。

ＧＤＦスエズ社、ＥＤＦ、アレバ社を含めた地中海地域の二〇社のエネルギー関連企業によって構成されている。しかしながら、「デザーテック・プロジェクト」や太陽光・太陽熱発電事業は、すでに大幅な遅れもみられ、撤退する企業もでてきている。二〇一二年末、ドイツのいくつかの企業（シーメンス、ボッシュ）は、収益性が低いことを理由として撤退を表明し、今後は、再生可能エネルギー部門のなかでもより競争力の高い風力や水力発電事業に集約する予定と発表している。

北アフリカのサハラ砂漠で大規模な再生可能エネルギーの開発を進めることは、地域経済の発展に貢献するだけでなく、将来、巨額の利益がもたらされる可能性も示唆している。問題は、多国間にせよ、二国間にせよ、国際金融機関が、このような投資事業に対してどの程度の融資を実行できるかどうかである。条件付きであったとしても、巨額の融資が実行されるようになれば、北アフリカ経済を活性化させる契機となるであろうし、周辺産業（工業部門）の発展という波及効果が期待されるであろう。

第六章　地中海世界における「ソフトパワー」の展開と国境を越えた違法薬物取引の現状

ヨーロッパ、アフリカ、北アフリカ（マグレブ）、中東、アジア――複数の地域・文化圏が交差する地中海世界は、「ソフトパワー」（金融、情報・通信、メディア、教育等）の分野においても理想的な地理的条件を備えているといえよう。但し、別の観点からみれば、砂漠地帯が多く、国境管理が不十分な地中海世界では、違法な薬物取引の格好の舞台でもあり、国際犯罪組織が暗躍する聖域ともなっている。〔本章では、地中海世界の情報通信や食文化、教育制度が持ちうるソフトパワーの問題について考えるとともに、違法薬物取引に代表される国境を越えた国際犯罪の地域的現状について検討してみたい。〕

一　中東・北アフリカ地域（MENA）における情報メディアの役割

――情報操作か第四の権力か？

中東・北アフリカ地域における政治的安定性と治安維持にかかわる問題は、今日、国際社会が直面せざるを得ない問題として、地政学的に大きな重要性を帯びている。中東のイスラエル周辺地域でたびたび生じてきた紛争や不安定な政治的状況（パレスチナ問題、レバノン内戦、シリアやイランにおける政治的緊張）は、ヨーロッパにとっても対岸の火事とはいえない状況を生みだしている。中東地域が抱える問題〔すなわち、イスラム原理主義によるテロの脅威が、ヨーロッパ諸国への波及を強め、切迫した事態〕は、今後、国際機関のみならず多くの関係諸国にとっても重要な分析対象となっているのである。

地中海世界のメディア情報は、発信源としても、そして、伝達組織としても貴重であるが、中東を含めた地中海世界の情報にアクセスしようとする人々が急増している今日では、情報メディアの活性化がますます必要とされている。このような現状のなかで、「アル・ジャジーラ」をはじめとするサテライトニュース放送は、関係諸外国の外交政策、すなわち国家の政策・運営にまで影響力を行使するようになった。「アル・ジャジーラ」だけでなく、様々な情報メディアが参入するようになると、メディア戦争ともいえる状況が生みだされていった。そうした、メディア戦争は、国際関係の動向を左右するほどの影響力を持つとともに、情報メディア機関が持っていた本来の秩序を激変させることになった。

地中海南沿岸諸国において衛星アンテナがほぼすべての国民に普及したことは、政府による情報統制の限界を意味していた。国境を越えて発信される「情報」という新たなアクターの参入に、政府は、なす術がなかった。政府は、一方的に非難するか、無関心を決め込むか、その対応を迫られることになった。それまで強大な権力を欲しいがままにしてきた「国家」と対峙する際、国境を越えて情報を発信する「アル・ジャジーラ」という放送局は、一般大衆による圧倒的な支持のもとで、これまで規制されてきた多くの「規制線《レッド・ライン》」を軽々と超越したのである。「アル・ジャジーラ」は、確実にアラブの民衆に受け入れられていくことになり、世論を形成し、その影響力を増していったのである。

「アル・ジャジーラ」の対抗馬としてアメリカで創設されたアラブ番組である「アル・フーラ」は、意見の対立をより際立たせることで、アラブ世界の報道の活性化と発展を目指した。

また、「ハラTV」という、ユダヤ人とアラブ人を主要なスタッフとして配置し、多様な対立を軸においたチャンネルが設立された。「ハラTV」グループでは、二〇一二年三月に放映を開始し、ケーブルもしくはサテライトで無料視聴を可能にし、イスラエル人により制作されたアラブ番組が、世代間にわたって複数の番組を作成している。

以上のような情報番組は、広い意味において、極めて有効な外交手段として利用することができる。それらの番組は、いわば「公的な外交手段」として各国政府によって利用された。政府が公式見解を発表しなくとも、番組を通じて民衆に直接に影響力をおよぼすこともできるからである。

欧米の情報局(フランス24、ユーロニュース、BBC、スカイニュース)がすでに開始している地中海南沿岸への民衆に向けた「アラビア語」放送によって、アメリカ、イスラム主義、中国などが「美化(正当化)」されたイメージを埋め込まされ、一般市民に広く浸透させることができる。それらの報道は、特定諸国の国益となるような情報に基づいて、積極的に発信されているということに疑いの余地はないだろう。

インターネットの発展にともない、地中海南・東沿岸諸国での衛星放送番組は増え続けており、民衆と情報との新たな関係性もみられるようになった。マグレブ諸国では、メディアは国家の独占事業であり続けてきたが、マシュレク諸国では、情報番組がヒズボラやハマスのような政党・団体の宣伝機関としての役割を担うようになった。

テレビ局アル・マナールは、「ヒズボラの情報や宣伝の主戦力」として位置づけられているが、ハマスやファタハが運営するインターネット・サイトは、国家解放に向けた国民の大規模な動員を利用して独占的な地位を獲得するための戦いの場になっている。したがって、政治的な危機の最中にある地中海地域では、視聴者やインターネットユーザー、読者を最も惹きつけることができるように、社説やメディア機関の方針も変更すべきであることを認識すべきであろう。

マグレブ諸国のメディア状況は、国家による統制のもと、これまで長いあいだ閉塞状態に陥っていた。このことにより、マグレブ諸国の国民は、「正確」で「多様」な情報に飢えており、インターネットの普及とともに、「アル・ジャジーラ」への圧倒的な支持へとつながっていったのである。「アル・ジャジーラ」がいまのような評価を得る前の一九八〇年代に、すでにモロッコの民間放送2Mが放映を開始したが、その時代では「アル・ジャジーラ」ほどの強烈なメッセージを視聴者に伝えられる番組には成長しなかった。北アフリカ全土の総合番組として影響力を持つ放送局の設立には、二〇〇〇年代半ばのメディ1TVまで待たなければならなかった。

地中海南沿岸地域では、これまでにないマス・メディアの創設と活性化がみられるようになったが、それらメディアが真の役割を果たしているかについては、いくつかの疑問が残る。複数の専門家が指摘しているように、これらのメディアが、「本当の意味での独立性」を確立して初めて、その疑念が晴らされることになるだろう。番組の多くは、出資者の要望（その大部分が湾岸諸国、カタールやサウジアラビア、UAE）で、番組構成や分析手法が偏向されることも多く、充分な独立性が維持されているとはいえない状況も見られている。

アンナ・リンド財団[1]が実施した地中海全域を含む四三ヵ国の約一万三〇〇〇世帯を対象にした調査によれば、メディアの偏向は、地域のいたるところで見られており、民衆に大きな影響を与えている。地中海放送協会（COPEAM）は機能不全に陥っており、地中海南・北部沿岸地域のマス・メディアは独立性を保っておらず、世論操作や外交政策に利用されている。このような機能低下を払拭するため、EUと地中海南沿岸諸国の地域協力推進の一環として、二〇〇九年にフランスのテレビ局が主導した「ユーロ地中海ニュース」プロジェクトが開始された。これらのプログラムを通じて、ヨーロッパと地中海南沿岸諸国の対話が促進され、ヨーロッパ諸国の政策の情報提供とともにジャーナリストの育成、報道の自由の尊重を守ることが目的とされている。

二　ブドウとオリーブ――地中海の地政学

二〇〇四年、クリスチャン・ブーダンはその著書『味覚の地政学』[2]のなかで、食文化や人々の食に対する嗜好の地政学への適用を試みている。宗教と同様、人々の食に対する嗜好は、「その地域のアイデンティティを示す最適な道しるべ」であると指摘している。料理は、その地域の歴史であり、宗教であり、伝統である。特定の料理は、祭事において不可欠であったり、禁忌とされたりする。人々がどのような料理を食べて生活しているかということは、その人々がどのような共同体に所属するかを示す、最もわかりやすい指標であり、文化的アイデンティティの構成要素のひとつといえよう。穀物、果実、野菜、ワイン、オリーブ油、チーズ、ヨーグルト——これらの食べ物からは、地中海を臨む「クレタ文明」が想起されるだろう。その生活スタイルは、食への悦びや味覚を楽しむことに満ちている。そして地中海世界では、リラックスした雰囲気のなかでゆっくりと食事を楽しむことが、重要な社会的役割さえも果たしているのである。

地中海世界は、文化の多様性に富んだ空間であるが、料理に関していえば、調理法による国ごとの相違はあるものの、人々が日常的に口にしている食事は、地中海全域において共通している。但し、食材の消費量は、国によって大きく異なっている。このような食材の例として、ワインやオリーブが挙げら

（1）ＥＵと地中海諸国間における文化間対話強化に向けて二〇〇五年に創設された財団。一九九八年に暗殺されたスウェーデンの政治家アンナ・リンド（Anna Lindh）から名づけられた。ＥＵ・地中海地域の共存に向けた監督機構の構築を目的として設立され、地中海世界の文化間対話向けの開かれた市民社会組織のネットワーク整備と地中海諸国間の対話促進に向けた支援策を実施している。

（2）*Géopolitique du goût*, Puf, 2004, 2008.

れる。ギリシア、イタリア、スペインの三カ国におけるオリーブ油の消費量は、世界消費量の半分近くを占めているのに対して、トルコやポルトガルは二パーセントに過ぎない。国によって料理法や消費量の差はあるものの、食文化としての地中海料理は、世界的な代表料理となりつつある。

二〇一〇年十一月、地中海料理が、ユネスコの世界無形文化遺産に「調理法、知識、技術、食習慣の総体」として登録された。ユネスコへの登録以前の一九九四年には、健康促進と栄養の観点からWHOが推奨する理想的な料理法として地中海料理が選出された。また、一九八四年、［アメリカの］アンセル・キーズ博士による指摘によれば、地中海料理は、心臓病や癌の罹患率を低下させることや、アルツハイマー病の予防、さらには長寿につながる食事であることが証明されており、健康増進に貢献するとしている。さらに、二〇〇九年のコロンビア大学が発表した研究によれば、地中海料理を日常的に食している人々は、アルツハイマー病の罹患率が四〇パーセントも減少していることを指摘している。

以上のような科学的な根拠や評判によって、地中海料理は、地中海世界に限定された調理法に留まらず、いまでは健康的な食材をもちいた理想的な調理法として、世界に普及し、人々の食生活に取り入れられるようになった。

このように地中海料理がひとつの地域に限定された食文化という枠組みを超え、世界的な広がりを見せるようになると、政治的な意味合いも与えられるようになった。地中海地域で産出された農産物の加工食品の需要は、地中海地域だけではなく、世界レベルでの需要が急激に増加したためである。このため、地中海地域の中小企業は、急激な需要増によって農産物加工業からの莫大な利益を得ることができたわけだが、同時にその品質、ブランド、そして広報の三つが戦略的に重要な意味をもつようになった。伝統や地域に根ざした特定食品の品質認証は、特に先進諸国における農産物加工業にとっては、日常的に実施されていることである。EU委員会が規定するEU法によれば、すでに二〇〇〇年初頭に、食料品の原産地名認定・保護のための制度として、原産地名称保護（PDO）〔定められた地域原産品を定められた製法で生産・加工・調整されたものでなければならない〕や地理的表示保護（PGI）が設けられている。二〇〇七年にEUで認可された七〇〇品目の食品のうち、六〇〇品目が地中海諸国を原産地とするものであった。二〇一一年には一〇〇〇品目を超過し、うち八割が地中海諸国原産の食品が占めるに至っている。二〇一一年時点では、地中海諸国の南沿岸および東沿岸地域としてトルコのみが、原産地名認定・保護に向けた動きに乗りだしている。理想的であるのは、現在の複数の認証制度を統合して「地域共通ラベル」を実施することである。研究者のなかには、地中海諸国を原産とした「地中海ラベル」のアイディアを提案する者もいる。[3]このような「地域共通ラベル」を創出することで、「地中海」

（3）Hélène Ilbert, Rapport CIHEAM-IAMM 2005.

というブランドを世界的に認知させ、充分な評判を形成することができると考えられているのである。

国際水準での「地中海」のブランドとイメージを確立できれば、世界規模での地中海諸国の農業・農産物加工業の需要を喚起する可能性があるし、そうすれば、国際市場においても充分に競争力を保つことのできる産業に育成することができる。二〇〇五年の統計では、食品加工業に関連した多国籍企業一〇〇社が所有する子会社数は、ヨーロッパでは二〇〇〇社、東ヨーロッパでは四〇〇社であるが、地中海地域では一六〇社に過ぎない。このような現状も変化させることにもつながるであろう（ＡＮＩＭＡ報告）。

他方で、ニュージーランド産のオリーブ油、アルゼンチンやカリフォルニア産のワインといったように、もともとは地中海地域の特産物の「脱地域化（délocalisation）」も指摘されている。また、地域レベルでの食品衛生面の管理や治安の安定も残された課題である。食品衛生面では、地中海の企業が食品に対する安全意識を高めることが必要である。このことは、公衆衛生への政府支出の削減という観点からも極めて有効な手段となりうるであろう。今後、地中海地域の国内市場の回復、地域の伝統に根ざしながらも質の高い農産物の生産、さらには近隣諸国との市場統合も必要とされる。さらに食品に対する安全意識の改革も同時に図っていく必要があるだろう。以上のような改革を実施するためには、政治・社会的に不安定な状況にある地中海南沿岸諸国の国内情勢の安定化が急務であり、このことによって、地中海産の食品の質とともに量的側面においても改善が図られることになる。

二〇〇六年に発行された「地中海・アラブ農業・農産加工に関する年次報告」（CIHEAM-IAMM）[4]によれば、人口一〇〇〇人に対しての耕作地の割合は、北側ヨーロッパで三一九ヘクタールであるのに対して、南側地中海諸国では一七七ヘクタールに過ぎない。このような耕作地面積や経済規模の南北格差の縮小は、食料の安全保障政策における最優先事項のひとつに位置づけられる。政府および地中海地域は、農産物加工業にかかわる地中海地域全体を視野にいれた企業活動の促進を図ることが必要である。一例として、エジプトとイタリアとの間で、「グリーン・トレード・イニシアティブ」と呼ばれるエジプトの小規模農家に対する優遇政が実施されている。このようなイニシアティブは、北側諸国と南側諸国の農業部門の間に残存する不均質な状況の改善につながるものと期待されている。また、同年次報告によれば、フランス、イタリア、スペインの三カ国は、地中海地域の農産物加工産業の売上高の七五パーセントを占めているのに対して、トルコはわずか五パーセントを占めるに過ぎない。

地中海地域の各国政府は、国民の生活様式の近代化や食品衛生面の管理向上、そして治安の安定化を

（4）Centre International de Hautes Etudes Agronomiques Méditerranéennes Institut Agronomique Méditerranéen de Montpellier。国立高等地中海農業研究所（モンペリエ）。

通じた国内市場の回復の責務を負っている。

三　地中海諸国における教育制度の国際化

一般的に「企業の国際化」と言った場合、生産活動の海外移転を思い浮かべることが多いが、教育の分野においても同様に、大学などの高等教育の海外教育機関との連携と国際化もしばしば指摘されている。教育制度において、母国語の普及は極めて重要な要素である。現在のところ、この分野ではアメリカが最も成功している国のひとつと言えよう。周知のようにアメリカは英語を最大限に活用しながら、グローバル化の推進母体としての役割を担ってきた。英語を母国語とする人口数では、中国語、スペイン語に次ぎ世界第三位の位置づけであり、五七カ国の主要言語となっており、第二言語としてはさらに多くの国で採用されている。一方、中国は、中国語の普及にむけた文化センター「国家漢弁」(Hanban)を設立して、世界規模での中国語の普及に注力している。同センターは、二〇二〇年までに「孔子学院」と呼ばれる文化センターを全世界で一〇〇〇校設立することを目標に据え、九〇〇〇万ユーロの予算を確保している。同センターの連携により、すでに二〇一〇年に、各国の大学と提携した三二二校の

「孔子学院」が設立されており、中等・高等学校との連携では、九六カ国にわたり三六九校で、同校が運営するクラスが設置されている。自国文化の普及や言語の普及活動をおこなうための最も適切な方法は、国際化に熱心な地域で、直接的な語学教育・文化普及活動をおこなうことであるのは疑いの余地がない。

ソルボンヌ・フランス文明講座は、世界各国（アラブ首長国連邦、ブエノスアイレス、ブカレスト、パレスチナ自治区、イスタンブール、カイロ、モスクワ）にコースを設置して、数多くの外国人にフランス語やフランス文化の普及を目的とした語学・文化教育を実施している。教育システムや教養プログラムの国際化が有効であるという議論が数多く見られるのもこのためである。

コラム　ビジネス・スクールの地政学

ビジネス・スクールは、地中海地域のなかでどのような地政学的な意味づけをすることができるだろうか。確実であるのは、次の二つの明白な理由である。第一に、ヨーロッパ・地中海地域において、ヨーロッパ企業がさらに国際化を進めていくため、ヨーロッパ企業の基準に沿った人材を育成し、市場を拡大させることが重要であること。第二に、そうしたヨーロッパ圏のビジネス・スクールは、過去数十年間で、名声や評判とエリートを育成してきた。その結果として、彼らの出身国の持つ「文化」や「価値観」を世界的に広めることができたこと、である。

経営学の専門家を養成する動きは世界的な広がりをみせている。ヨーロッパ諸国のビジネス・スクールも例にもれず、大学間での連携や国際プログラム、キャンパスの建設など、様々な国際化モデルを模索しながら、北アフリカや中東地域への進出に取り組んでいる。

一方、中東地域におけるビジネス・スクールの誘致戦略も活発化している。最も成功している国と言われるアラブ首長国連邦のドバイでは、「国際学術都市《インターナショナル・アカデミック・シティ》」と呼ばれる地区を形成し、二〇一〇年時点で世界各国から三二の大学の誘致に成功している。同地区では、アメリカ、カナダ、イギリスといった主要国はもちろんのこと、インド、オーストラリア、フランス、ベルギーといった諸国の大学のコースが選択できる。カタールもまた、「教育都市《エデュケーション・シティ》」を形成して、九つの大学を誘致に成功しており、カーネギーメロン大学のような世界的な有名校やヨーロッパの主要大学も含まれている。

アブダビにはＩＮＳＥＡＤが設立され、カタールでは、国家基金の助成を得て「ＨＥＣ経営大学院」が設立された。イギリスの「キャス・ビジネス・スクール」もドバイにキャンパスをもっており、「ロンドン・ビジネス・スクール」も、エグゼクティブＭＢＡコースを設置するなど、中東とのつながりを深めている。ヨーロッパのビジネス・スクールが、国家の助成金をもとに、中東湾岸諸国で国際キャンパスを設置する一方で、北アフリカ地域においても、ヨーロッパのビジネス・スクールの国際化プログラムや、フランチャイズ、もしくは、現地ビジネス・スクールとの提携による進出が図られている。

フランスの「グルノーブル・ビジネス・スクール」は、モロッコ、レバノン、さらにはサウジアラビア、アラブ首長国連邦での提携校の設立に成功し、提携校ごとの発展プログラムや連携戦略を展開している。パリの「商工会議所」（ＣＣＩ）では、レバノン（ベイルート）のＥＳＡとの提携による国際キャンパスの設置、アルジェリア（アルジェ）のＥＳＡＡとの提携も実施している。

以上のようなビジネス・スクールの海外展開の動きからも、ヨーロッパと地中海諸国間での経済・商業面の活性化が促進されていることは明らかである。但し、留意すべきであるのは、「アラブの春」という民主化への移行プロセスの最中にある北アフリカや中東諸国では、依然として若者の移動の自由が制限されたままであるのも事実であり、グローバル化や国際化による利益が当該国の「一般の」若者たちに確実に浸透するまでには、まだ先の話となりそうなことである。

ターミ・ゴルフィ
ESCAビジネス・スクール学長（カサブランカ）

フランスの地政学者ジャック・バラは、その著作のなかで、「文化的な教養なしには、政治・経済を本当に理解することはできない」と述べている。[5] 現地の言語や経営文化に通じ、文化的な教養を深めることは、国際的なマーケティングや海外市場を開拓するうえで、重要な要素となりうる。特にフランス、アメリカ、中国という三大文化圏がせめぎ合う現在の地中海世界では、国家による後押しが不可欠の要素である。

加えて、外国の学生を教育することは、その国のエリート層を養成することにつながり、自国に有利で強力な政治経済面での人的ネットワークを形成することを意味している。ヨーロッパの伝統的な考え方からすれば、国際社会における人的交流を通じた言語・文化の普及、そのことによって、国家間関係の強化と将来への牽引力を生みだすことにつながるのである。

このような観点で好例といえるのが、「エラスムス（ERASMUS）[6]・プロジェクト」である。「エラスムス・プロジェクト」（予算額三八四〇万ユーロ）では、地中海南沿岸を対象地域とした「エラスムス・ムンドス・プロジェクト」が実施されており、その目的を「相互理解、キャリア形成、イメージ向上、学生の流動化と交流、対外への可視化を通じた（ヨーロッパ水準の）高等教育の普及と振興」においている。フランスのフランソワ・オランド大統領は、二〇一二年十月にマルタ島で開催された会議に参加した際、同プロジェクトの更なる発展型として、地中海北沿岸五カ国（フランス、スペイン、イタリア、マルタ、ポルトガル）と地中海南沿岸五カ国（モロッコ、アルジェリア、チュニジア、リビ

（5）*Géopolitique de la Francophonie: un nouveau souffle ?*, Paris, Puf, 1997.

（6）European Region Action Scheme for the Mobility。十五世紀のネーデルラント出身の人文主義者、カトリック司祭であったエラスムスから名づけられたプロジェクトで、ヨーロッパ全域の大学及びグランゼコールの学生の交換・交流プログラムを意味する。「生涯学習計画」（LLL）や「職業・教育生涯計画」（EFTLV）も含まれる。

ア、モーリタニア）の連携による「エラスムス・地中海計画」を提案している。同計画は、二〇〇九年にモロッコ（タンジェ）で開催された地中海国際会議（MEDays）の際に草案が提起され、フランスの元移民・開発連帯大臣エリック・ベッソンが地中海若年層支援会議と協力して推進してきたものである。

同計画のなかで、教育事業の国外展開にあたっては、次の戦略が効果的とみられている。アメリカ、フランス、中国の大学で優秀な学生を誘致するとともに、教育課程の海外での導入を試みること。また、多様な社会・文化的背景をもつ海外の優秀な学生を選出し、そうした人材を獲得するためにはどのような方法をとればよいのか、数年前から試行錯誤が繰り返されている。具体的には、グローバル選抜試験、直接入学制度、新興国においての教育の国外展開と通信教育（アメリカモデル）といった三つの方法が採用されている。

優秀な学生の確保で最も大切なことは、教育機関（特に大学）が、学生にとっても、採用する企業にとっても、国際水準に照らして通用する教育課程・学位を付与することと、ビザ取得や滞在許可証、助成金や奨学金制度などの様々なサービスを提供することである。

加えて、質の高い授業カリキュラムを通じた大学自体の格上げと信頼を積み重ね、可視性と国際評価を高めることが重視すべき点としてあげられる。世界的に最も権威のあるビジネス・スクール認定機関としては、アメリカのAACSB、[7]ヨーロッパ（ベルギー）のEFMD[8]があり、EFMDは二つの質の高いビジネスコース（EQUIS、[9]EPAS[10]）を実施している。このような認定制度の基準は、海外から留学し、ヨーロッパかアメリカで教育されたエリート層の評価に大きく左右されており、その経済効果は莫大である。企業が新たな市場の調査、進出、開発をおこなう際には、実際にビジネス・スクールで培われた世界戦略（地理経済学）の知識と経験が重視されているからである。

（7）Association to Advance Collegiate Schools of Business。一九一六年に設立されたアメリカの民間組織。大学やビジネス・スクールのマネジメント教育の認証・評価をおこなっており、独自の評価基準に従って順位づけをしている。

（8）European Foundation of Management Development。

（9）European Quality Improvement System。EPASと同様、EFMDになるヨーロッパのビジネス・スクールの認証・評価システムを指しているが、同一の大学がEPASとEQUISを同時に受けることはできない。

（10）Educational Planning and Assessment System。ヨーロッパのビジネス・スクールの認証機関であるEFMD（European Foundation for Management Development）は、ヨーロッパにおけるマネジメント教育の認証・評価をおこなうEPAS（教育計画・評価システム）を採用している。

四　マリファナと地中海におけるドラッグの地政学

ＷＴＯによれば、世界の麻薬取引額は国際貿易額（年平均四〇〇〇兆ドル）の約八パーセントを占めると言われている。この額は、世界における食料や石油の世界全体の貿易額に次いで大きい数字であり、麻薬取引額の次に大きいのが武器の取引額となっている。移動・通信手段の近代化とグローバル化の進歩に伴って、麻薬取引もまた増大の一途をたどっている。麻薬常習者の数は、全世界で二億五〇〇〇万人にも達しており、麻薬の栽培および取引にかかわる地政学的な重要性が指摘されており、領域内のみならず国境管理（輸送経路）の厳格化を目的とした国家当局による国際犯罪組織の取り締まりが強化されている。

一方、地中海周辺地域では、大麻およびその他ドラッグ（ハシッシュ、マリファナ）の栽培から流通、そして消費に至るまで、広い範囲で問題となっている。「欧州薬物中毒問題監視機関」（ＯＥＤＴ）の年次報告によれば、ヨーロッパの十五歳～六十四歳を対象にした調査では、生涯一度でも大麻を吸引した経験したことのある割合は、四人に一人に達しており、そのうちの二〇一一年の一年間に、大麻を吸引した割合は一五人に一人に達している。さらに、大麻を頻繁に使用（常用者）の割合は一〇〇人に一人であり、ヨーロッパ全土では四〇〇万人にも達している。全世界の大麻使用者は年間一億二五〇〇万〜二億三〇〇万人に達しており、麻薬のなかでも最も普及してるドラッグと言える。「国連薬物・犯罪事務所」(ONUDC)が二〇一〇年に公刊した薬物に関する報告書によれば、ヨーロッパの大麻は、モロッコを中心とするマグレブ諸国経由で運び込まれている、と指摘している。近年、ネパールでの大麻栽培の増加傾向がみられるものの、モロッコは、アフガニスタンとパキスタンに次ぐ、大麻の栽培国として名前が知られてきた。また、ONUDCの報告によれば、モロッコ産大麻は、世界生産の三一パーセントのシェアを占めており、そのうちの八割にあたる三〇〇〇トンが、毎年ヨーロッパで消費されていることがわかっている。モロッコ北部に広がるリーフ地方[11]では一二〜一三万ヘクタールの土地で大麻が栽培されていると指摘されており、モロッコでは、沿海部からジブラルタル海峡にいたるまで北部全域にわたり大麻畑が広がっている。モロッコ北部では、経済特区などの経済活動が活発化する一方で、闇市場(麻薬取引、人身売買、密輸)も広範囲でおこなわれていることがわかる。既出のOEDTによる二〇〇七年の報告によれば、フランスにおける大麻取引額は八億三二〇〇万ユーロと推算されている。この推定額は、実際の取引金額と大きな乖離はみられないと考えられるが、

(11) モロッコ北部の地中海に面する山岳が多い地帯を指す。スペイン飛び地領のメリリャを含む。

このような麻薬取引による資金は、マネーロンダリングの可能性を残しており、使途不明となることも多い。

大麻の流通経路は、地政学的に重要な役割を果たしている。麻薬取り締まりや輸送経路での検問などの障害があることが付加価値の増大をもたらしているわけだが、そのことは同時に「利益が飛躍的に増大する」ことも意味している。大麻の取引価格は、末端である栽培農家から最終的な消費者に至るまでに五倍から十倍にまで増加する。同じ理由で、密売人の元締めは、次々と新たな輸送経路を生みだし、巧妙な手段で、いかにしてうまく運ぶかを試行錯誤しており、麻薬の輸送経路は、複雑に絡みあった蜘蛛の巣のように張り巡らされている。例えば、モロッコからスペインに麻薬を運びだすために、モロッコから〔モーリタニアを経由して〕セネガルのダカールから輸出するといった具合である。

地理経済学や地域戦略の重要性が指摘される現在では、農村部という地政学上の空白地点を利用した「グローバルな非合法貿易」が展開されているのである。グローバル化に伴う輸送インフラの整備は、メリットと同時に、リスクと脅威を含むものであり、戦略上の盲点（脆弱性）を生みだす源泉でもある。グローバル化の進展とともに、国際社会は、国境を越えた監視と国際的な対応が焦眉の急となっている。政治構造にはびこる汚職もまた、麻薬の輸送を容易にさせている理由のひとつである。たとえ違法薬物を発見されたとしても、賄賂を渡すことで通過できる検問があることは、密売人の元締めにとっては多いに助けとなるものであるし、そのような経路や国が存在することが、密輸を安定化させていることにつながっている。

麻薬の組織犯罪ネットワークは、地中海南沿岸地域だけでなくヨーロッパ諸国にも張り巡らされており、問題は、大麻原産国だけでなく、流通経路の確保といった観点から周辺国を巻き込んだ問題でもある。

地中海以北沿岸地域に位置するスペイン、ベルギー（ブリュッセル）は、ヨーロッパ圏の麻薬流通の「入口」の役割を果たしており、両国を通じて、ヨーロッパ全土に流通経路が広がっている。ヨーロッパで主に使われている方法は、「室内栽培」で大麻を生産し、年間数百トンの生産量、流通額は二〇億ユーロとも推算されている。このような栽培方法は、近年では、より消費者に距離的に近接している地域――オランダ、フランス、イギリス――での地域的再編がみられている。また、ヨーロッパ産「室内栽培」は、「シンセミア」〔メス株を受粉させない状態で栽培された大麻で、種などが混在していない〕と呼ばれる新種の大麻としてヨーロッパでは次第に普及しつつあり、これまで主要であったモロッコ産やアフガニスタン産の代替品として、その流通量が増加している。「シンセミア」は一九六〇年代にカリフォルニアで栽培されはじめ、ヨーロッパには七〇年代に持ち込まれたが、九〇年代～二〇〇〇年代にかけてヨーロッパで広く普及していった。その背景には、大麻の栽培を手がける専門業者が組織され、流通ネットワークが形成されていったことがある。オランダは、ヨーロッパにおける大麻の最大の栽培国であり輸出国であり、主要なアクターであり続けているが、ヨーロッパにおける大麻栽培の地域再編成が進む一方で、新たな大麻の流通経路が次々と生まれている。その結果、仲売人の数が減少し、その利益率が高くなる傾向がある。すなわち、経済上では、未開拓の市場が形成されていることになり、栽培（生産）とともに消費においても、東ヨーロッパが注目されるようになっている。

　このように大麻は、欧州・地中海地域の地政学において、無視することができない重要な役割を担っており、犯罪組織に巨額の資金を提供していると同時に、旧来からの方法で資金洗浄をおこなうとともに、国際金融機関を通じた複雑な手法でマネーロンダリングをおこなっており、経済に悪影響を与えている。同じように、麻薬による資金は、テロリストグループへの資金源となり、過激暴力の行使や闇市場の形成につながっている。また、近年の地中海地域では、コカインという新たな薬物取引が徐々に浸透しはじめている。例えば、二〇〇六年では、ヨーロッパの一一の空港で押収されたコカインの二六パーセントがアフリカから空輸されたものであった（UNODC）。二〇〇七年第3四半期まででは、同押収量は四六パーセントを超過しており、北アフリカ経由による海上輸送経路も次第に利用されているとの報告もある（UNODC）。二〇一〇年六月に発行された「国立健康予防・教育機関」（INPES）と「欧州薬物中毒問題監視機関」（OFDT）の共同調査によれば、二〇〇五年〜一〇年にかけて一年の間に大麻を吸引した人口比率は八パーセント（月毎の統計では四パーセント）となっており、減少傾向を示しているが、コカインの経験あるいは常用者の割合は、一九九二年の〇・八パーセントから二〇一〇年には三・八パーセントにまで増加しており、一般市民への「普及」が懸念されている。大麻の普及にかけては一歩抜きんでていた地中海地域は、いまやコカインの流行に取り残されつつあるのだろうか。

文化や教育面でのソフトパワーの影響、麻薬などの非合法貿易の拡延は、地中海地域の地政学の役割を理解するうえで不可欠な要素となっている。文化、教育、生活様式など、これらが人々の思考様式《イデオロギー》に与える影響は緩やかであるが、強力でもある。まさに地中海は、あらゆる力関係が互いに競合しあい、そして、複雑な交差路を形成する空間といえよう。

第七章　将来への展望

二〇一〇年にはじまった北アフリカ（地中海南部沿岸）地域の「アラブの春」と呼ばれる民衆運動、ヨーロッパ（地中海北沿岸）地域では国家財政の破綻が顕在化するなど、現代世界を揺るがし続ける震源地として地中海世界に注目が集まっている。地中海世界がこれまで抱えてきた政治的、そして社会・経済的な課題が一挙に噴出し、自らの対応を迫られていると言えよう。

ガバナンスの低下、民主主義の破綻、停滞する経済、格差の拡大と若年層の高い失業問題など、多くの不安定要素が残されたままであるばかりか、あらたな紛争の勃発や紛争の潜在的リスクを抱えた中心地となりつつある。

本章では、以上のようなますます不安定化していく地中海世界の現状とその課題について検討するとともに、将来への展望と新たな駆動力となりうる中心軸はなにかを考えてみたい。さらに、地中海世界で起きている紛争問題（とその勢力）と、将来のシナリオについて考察する。

一　新たな成長戦略を模索する地中海世界

地中海世界は、経済的に疲弊し停滞を続けているヨーロッパ（北部沿岸）地域と、経済的打撃は比較的軽減している南・東部沿岸地域に分類できる。

二〇〇〇～〇九年における北アフリカ（地中海南部沿岸）諸国の経済成長率は年平均四パーセントを超えており、ヨーロッパ諸国への経済的なキャッチアップの時期に突入したと指摘されていた。IMFの予測によれば、これら諸国の経済的な展望は良好で、二〇一三年の経済成長率は三パーセント以上、二〇一七年では四パーセントを超えるものと予想されている（一三五頁、表2を参照）。他方、ユーロ圏に属する南ヨーロッパが回復するのは、政府財政の健全化、競争力の強化、EUの政治経済および通貨の安定化がある程度の効果をあげた二〇一三年以降となると予想されている。北アフリカ諸国に関しては、包括的で均衡のとれた経済成長モデルが効果をあげていると指摘された。しかし、実際には、このような高い経済成長率は、対外関係に大きく依存しており、特に、古くからの最大の貿易パートナーであるヨーロッパ諸国の経済動向に左右される。炭化水素資源（石油・天然ガス）富裕国の財政状況は、原油の国際市場価格の変動に大きな影響を受ける（アルジェリアでは炭化水素資源の収益がGDPの三五～四〇パーセントを占めている）し、その他の諸国は、ヨーロッパに移民した人々からの海外送金やヨーロッパ人を呼び込んだ観光収益が重要な財源となっている。

また、地中海南部沿岸諸国の発展モデルは、社会層や地域による格差が大きく、国内的に歪な経済状況を生んでいる。インフォーマル経済の比率は、国によっては三割から四割を形成するほど、依然として大きく、特に若年層を中心とする失業問題は、深刻な状態に陥ったままである。経済が本格的な成長軌道に乗るためには、現在の経済成長率に加えてさらに二～三パーセントの成長率が必要であると国際機関は指摘している。現在よりもさらに高い経済成長率を実現できてはじめて、地中海諸国は、新規に労働市場に参入する労働者（二〇三〇年までに五〇〇〇万人もの新規労働者がうまれるといわれている）を吸収することができ、適切なインフラ整備への投資を実現できるのである。

しかしながら、「アラブの春」を契機にした地中海諸国での一連の社会変動・政治的混乱により、経済成長率の低減は免れない事態に陥っており、アルジェリア、エジプト、モロッコ、チュニジア、シリアといった諸国の競争力の低下にもつながりかねない（表2参照）。さらに、食糧補助金、公的部門の肥大化、高い失業率といった問題が山積している。

国	人口（百万）	国内総生産 2011年（億ドル）	経済成長率（%）				失業率（%）[2]		
			2011	2012	2013	2017	2011	2012	2013
アルバニア	3.6	129	2	0.5	1.7	2.5	13.3	Nd[3]	Nd[3]
アルジェリア	34.8	1,907	2.5	3.1	3.4	4.3	10	9.7	9.3
パレスチナ自治政府	4.0	60	Nd[3]	Nd[3]	Nd[3]	Nd[3]	Nd[3]	Nd[3]	Nd[3]
ボスニア・ヘルツェゴビナ	4.4	180	1.7	0	1	3.5	43.3	Nd[3]	Nd[3]
キプロス共和国	0.8	249	0.5	-1.2	0.8	2	0.5	-1.2	0.8
クロアチア	4.4	638	0	-0.5	1	2.5	13.2	13.5	12.7
エジプト	80.4	2,357	1.8	1.5	3.3	6.5	10.4	11.5	11.3
スペイン	45.1	14,940	0.7	-1.8	0.1	1.5	21.6	24.2	23.9
フランス	63.4	27,760	1.7	0.5	1	2	9.7	9.9	10.1
ギリシア	11.1	3,030	-6.9	-4.7	0	1.4	17.3	19.4	19.4
イスラエル	7.2	2,429	4.7	2.7	3.8	3.5	5.6	6	5.8
イタリア	59.1	21,990	0.4	-1.9	-0.3	1.5	8.4	9.5	9.7
レバノン	4.1	390	1.5	3	4	4	Nd[3]	Nd[3]	Nd[3]
リビア	5.6	369	-61	76.3	21	4.3	Nd[3]	Nd[3]	Nd[3]
マルタ島	0.4	89	2.1	1.2	2	2.1	2.1	1.2	2
モロッコ	33.8	992	4.3	3.7	4.3	5.9	9	8.9	8.8
モナコ	0.03	55	Nd[3]	Nd[3]	Nd[3]	Nd[3]	Nd[3]	Nd[3]	Nd[3]
モンテネグロ	0.6	45	2.4	0.2	1.5	2.2	11.5%	Nd[3]	Nd[3]
スロバニア	2.0	496	-0.2	-1	1.4	2.1	8.1	8.7	8.9
シリア	20.3	647	Nd[3]	Nd[3]	Nd[3]	Nd[3]	Nd[3]	Nd[3]	Nd[3]
チュニジア	10.1	463	-0.8	2.2	3.5	6.7	18.9	17	16
トルコ共和国	75.1	7,781	8.5	2.3	3.2	4.6	9.9	10.3	10.9

表２　地中海諸国における経済成長率と失業率の推移[1]

1. CIA及びIMFデータ（2012年はIMF推計値, 2013年, 2017年はIMF予測値）
2. IMFデータ．但し，失業の定義は各国ごとに異なる．
3. Nd（該当なし）

一方、地中海諸国の将来の経済的な展望を予測するうえで、現在注目されているのは、サハラ以南アフリカ、中東アラブという二つの地域からの資金の流れである。

サハラ以南アフリカは、近年、世界における経済成長センターとして注目されつつあり、地中海諸国の経済成長にも今後、大きな影響をおよぼす可能性がある。サハラ以南アフリカは、八億人もの消費者を抱え、資源の世界シェアは四割超、経済成長率の平均は五パーセントを超えるようになっている。毎年、大量の新規労働者が労働市場に参入しており（マッキンゼーによれば、二〇一〇〜二〇年の新規労働者数は年間一億二二〇〇万人と推定している）、今後数十年で、アジアからアフリカへ労働力を梃子にした経済成長センターが移行し、世界経済のバランスが再編される可能性があることが指摘されている。すでにモロッコ企業（銀行、情報通信、インフラ、鉱山開発等）は、自国の経済成長率を引き上げるためにサハラ以南アフリカへの投資を促進している。

また、中東アラブ諸国の金融部門は、もうひとつの経済成長の起爆剤といえよう。北アフリカ（地中海南沿岸）諸国はますます資金調達を必要とする一方で、金融部門は問題が多く、依然として充分な発展を遂げていない。

- 金融部門への国家の過度な介入（銀行部門における国営銀行のシェアは、チュニジア四五パーセント、エジプト六七パーセント、アルジェリア、リビア九〇パーセントに達している）による競争力の全般的な低下（取引費用、公的部門と民間部門の予算比率、貸付基準等）。

- 民間部門、特に零細企業（TPE）や中小企業（PME）における資金調達の困難性。世界銀行の指摘によれば、国内の民間部門への融資比率は、モロッコやチュニジアでGDPの六八パーセントに達しているのに対して、リビアでは一〇パーセント、アルジェリアで一六パーセント、エジプトでは三三パーセントに過ぎない。さらに、他の諸国の比較では、EU平均でGDPの一四〇パーセント、東南アジア諸国平均では一三六パーセントにも達している。このようなアルジェリアやリビアにおける国内企業の資金調達率の低さは構造的な問題であり、融資リスクを極端に避ける傾向や国営企業の独占を招く結果につながり、民間部門の活性化が著しく阻害されるという事態を招いている。

以上のような北アフリカ諸国の金融部門の課題が山積みしている状況下で、イスラム金融の存在は、北アフリカ（地中海南部沿岸）諸国だけでなく、南ヨーロッパ（北部沿岸）諸国においても重要な資金調達源となっている。債務超過に陥っている南ヨーロッパにおいても、湾岸の産油首長国からの新たな融資・投資資金の調達をおこなう必要性が指摘されている。現在のイスラム金融の金融市場での融資比率はエジプトで五パーセント以下、その他地域では一・五パーセント以下に過ぎないが、イスラム金融の融資能力は、二〇〇八年の九五〇〇億ドルから四・二兆ドルにまで増加していると推計されている（スタンダード&プアーズ予測）。

二　紛争・紛争発生リスクを抱える地中海世界

多民族の国家群で形成される地中海世界は、過去数十年にわたり絶えまない紛争が続いてきた地域であると同時に、将来的な紛争発生リスクを抱える地域でもある。近い将来、紛争、または紛争発生リスクが高いと考えられるのは、イスラエル・パレスチナ紛争、アルジェリア・モロッコ間での係争、民族・宗教紛争、少数民族との紛争、天然資源関連の紛争があげられる。

イスラエル・パレスチナ紛争は、一九二〇年にアラブ民族とユダヤ民族間で開始されたの紛争であるが、一九四八年にイスラエル建国が宣言されて以来、パレスチナ人による失地回復とユダヤ人のよる歴史的な苦難の対立が膠着状態に陥っており、依然として解決の目処がたっていない。

アルジェリア・モロッコ間の係争に関しては、植民地独立期にまでさかのぼる。アルジェリアとモロッコ間の国境の確定作業が不十分であったために、独立後、両国の間では、国境線の確定をめぐる係争が複数回にわたって顕在化した。一九六三年の「砂の戦い」を契機にして終止符が打たれ、休戦協定が締結され、国境の確定がおこなわれた。しかし、モロッコの当時の国王ハッサン二世は、一九七五年に西サハラ地域に対して「緑の行進」[1]と呼ばれるモロッコ南部領土の併合を意図した大規模な民衆運動を実施する。この行為によって、モロッコ南部地域で独立運動を展開するポリサリオ戦線と、それを支持するアルジェリアとモロッコの対立が決定的なものとなった。以降、長期にわたるアルジェリアとモロッコの対立は、依然として未解決のままであり、両国の国境封鎖が続いている限り、潜在的な紛争発生リスクは解消されていない。

地中海地域における民族・宗教紛争は、歴史的な遺物ともいえる。バルカン半島(旧ユーゴスラビア)では、セルビアのギリシア正教会、クロアチアのカトリック教徒、ボスニア・ヘルツェゴビナ、セルビア、クロアチアのイスラム教徒との間で、民族と宗教の対立が交錯している。近隣国であるギリシ

(1) 一九七五年十一月六日にモロッコ国王ハッサン二世の主導により開始されたスペイン領西サハラ地域への大規模な大衆デモ行進。行進には、コーランと国旗を携えたモロッコ国民の三五万人が参加し、スペインはモロッコとの係争地域の西サハラの割譲を余儀なくされた。

ア、トルコは恒常的にキプロスの領有権（一九七四年以降、トルコ軍が駐在）を巡る対立が続いている。レバノン、シリアでは、イスラム教徒シーア派、スンニ派に加えてキリスト教徒間の対立が解消されていないし、その影響は諸外国（ギリシア正教、イラン、フランス等）へも及んでいる。

少数民族との紛争は、ヨーロッパ諸国の移民問題と同時に、少数民族や少数派の宗教が存在する国家において生じている。ヨーロッパ社会においても、イスラム圏出身の移民の社会的統合の問題や、イスラムに対する恐怖からの排斥運動は、社会的な不安定要素の原因となっている。さらに、トルコのクルド人問題、フランスのコルシカ島、コソボ、エジプトの少数キリスト教徒、アルジェリアのカビリ地方、モロッコのサハラウィなど、地中海世界ではそこかしこで紛争の火種がくすぶっている。

最後に、水資源・地下天然資源を巡る緊張も、紛争発生リスクのひとつといえる。第五章でみてきたように、地中海世界の河川流域や水資源の分布状況は偏在しており、中東地域（イスラエルとパレスチナ、レバノンとシリア）、チグリス・ユーフラテス川流域（トルコ、シリア、イラク）、そしてナイル川流域において、水資源の運用をめぐる対立のリスクを孕んでいる。同様に、炭化水素資源（石油・天然ガス）も紛争の原因として留意すべきであるし、世界的な炭化水素資源の不足が深刻化すれば、その獲得をめぐって紛争発生リスクも高まることが懸念されよう。

このような文脈において、地中海世界における協力関係を構築することは、平和と安定を確保するうえで、これまで以上に極めて重要である。「地中海連合」（ＵＰＭ）を進め、地域統合を深化させることは、多様な民族、宗教、文化、政治の相違を乗り越え、緊張を緩和する促進剤となりうるのである。

三　地中海の発展に向けた四つのシナリオ

一九九四年に南フランスに設立された地中海研究所（Institut de la Méditerranée）は、ＥＵからのプロジェクト支援の一環として、二〇三〇年までの地中海地域情勢の予測を発表している。同研究所によれば、地中海地域の将来に関する以下四つのシナリオを提起している。

シナリオ１――地域の強靭性《レジリエンス》の向上　自然環境の変化を起因とする危機（砂漠化、水不足、自然災害、汚染等）により、地中海南部および東部地域において、マルサスが指摘したような人口増加とそれに対応するだけの農業生産量が不足し、深刻な危機が進行する可能性がある。また、炭化水素資源の枯渇により資源輸出国の財政状況が悪化。このような状況に対応するためには、地中海諸国間（あるいは地中海諸国とその他諸国との国際協調）で新たな協力体制が構築される必要がある。その結果、地中海地域全体の統治能力が向上する。

シナリオ2―保守化のグローバル化　政治、制度、経済面での改革が進展して、地中海南沿岸地域の経済発展が軌道に乗る。外資誘致政策が成功し、外国直接投資が増加する。このため、大量の非熟練労働力を基礎とした経済成長が実現される。イスラム政権は、国内格差の拡大と雇用を充分に確保できなかったとして民衆の支持を失い、政権は保守体制に回帰することになる。

シナリオ3―地中海諸国の分裂　世界的な炭化水素資源生産量の減少により、資源獲得を巡る競争の激化が生じる。その結果、地中海世界は、中国、アメリカをはじめとする列強諸国による政治的影響力を行使する主戦場となり、地中海世界の分断化が加速化する。一方、ヨーロッパの影響力は、他の列強諸国と比較した場合には、それほど拡大することはないだろう。

シナリオ4―アラブの再生とグローバル化した地中海世界　イスラム穏健派の政治改革が進展することで、歴史的紛争（イスラエル和平、モロッコ・アルジェリア間の和解）に終止符が打たれ、経済発展が本格化する。この場合、地中海南沿岸諸国の経済的・文化的な影響力が強くなることで、ヨーロッパと地中海諸国の統合が加速化することになる。また、若年層を中心とする移民問題が解決に向かい、民主化もさらに進展することになるだろう。

地中海世界の将来は、進歩と発展の可能性で満ちている。「アラブの春」に始まる政治的混乱、サブプライムに起因する金融危機、ギリシア債務危機にみられるような予測不能な経済・社会的混乱のリスクは避けられないものの、地中海世界の未来は、「収斂」（実際に二〇〇〇年代初頭以降、経済的な収斂が実現しつつある）と「地域協力の進展」がキーワードとなるだろう。但し、紛争問題の勃発や再発、資源を巡る獲得競争が激化すれば、地中海世界の「分断化」のシナリオは現実性を帯びることになるだろう。

おわりに

本書では、地中海世界の地政学にもとづくパワーバランスを描きだそうと試みてきた。そのためには、地中海世界の悠久の歴史、地理、文化、そして影響をおよぼしている広大な空間――ポルトガル南部からアフガニスタンにいたる八〇〇〇キロメートルの領域――を想起しなければならない。ジブラルタル海峡とスエズ運河という要衝を地理的接点とし、地中海世界は、世界に開かれた地域であり続け、はるか遠くの地域にも強い影響力を行使してきた。

「EU・地中海パートナーシップ」では、「分断化」を続けてきたヨーロッパと地中海南・東沿岸諸国との接近と協力関係の構築を試みてきた。そのための基本戦略として選ばれたのは、ヨーロッパによる金融支援と地中海諸国における市場開放であり、あらゆる手段を通じて地域的な発展が企図されたのである。「バルセロナ・プロセス」で掲げられた平和と安定、繁栄の共有の達成という基本的目標は、依然として、その実現に向けた途上にあるといえるが、「バルセロナ・プロセス」はヨーロッパと地中海諸国との新たなパートナーシップ構築に向けた基礎を築きあげてきたといえるだろう。現在は、「バルセロナ・プロセス」を受け継ぐかたちで「地中海連合」として生まれ変わっている。

北アフリカを中心に様々なかたちで周辺国にも影響を及ぼすことになった民衆運動「アラブの春」は、「EU・地中海パートナーシップ」が期待された成果を残せなかったことも一因となっている。民衆を勝利に導いたのは、地中海世界が変化を必要とし、民主化と社会的正義、持続可能な経済発展の実現を希求した証左ともいえる。また、このような社会変動で最大の利益を享受したのは、イスラム政党であった。

「アラブの春」は、自分たちの国の将来像についてどのような選択をするのか。アラブ世界の指導者に改めてその選択を迫った出来事だったのではないだろうか。そして、新たな地政学的状況が生まれるなかで、ヨーロッパとアラブ世界の溝を埋めるためには、「民主化」への移行と「自由」な世界の実現という課題の解決が必要であることが明らかとなりつつある。

本書で課題としたもうひとつの地中海世界の文化の側面については、どうだろうか。地中海世界は、複数の文明圏が交差し、入り混じり、融合する場である。だからこそ、文化的な発展や観光分野において大きな発展の余地が残された地域でもある。異なる文化圏での対話を続けることで、対立から和解への道を拓き、地中海世界の唯一のアイデンティティを確立することが重要である。そして、地中海地域の魅力を最大限に引きだす文化的遺産に根差した観光資源を世界にアピールすることが必要である。

もうひとつの課題は、経済的格差である。ヨーロッパと地中海南沿岸諸国の間に横たわる深い溝を埋めるためには、いかにして経済発展を実現するかにかかっている。そして経済発展は、自由な市場形成、ガバナンス、包括的な社会発展、また水資源・炭化水素資源の有効な管理体制を構築しなければならない。

最後に、地中海世界が直面する最大の課題について指摘しておきたい。それは、絶え間なく続いてきた紛争問題の解決、民族間の対立だけでなく、水資源・エネルギー資源問題を巡る紛争の勃発を何としても防がなければならない。このような紛争や対立が続く限り、地中海南沿岸諸国における経済的な統合の実現は困難なものとなるだろう。

訳者あとがき

本書は Bouchra Rahmouni Benhida, Younes Slaoui, *Géopolitique de la Méditerranée*, PUF, 2013 の全訳である。共著者のひとりであるブーシュラ・ラムゥニ・ベンヒーダは、モロッコのカサブランカにあるビジネス・スクール（ESCA）教授としての経歴を経て、現在はハッサン第一大学教授、経営幹部教育センター（EEC）局長、また、米国のニューヨーク大学、レバノンのカシュリーク聖霊大学（USEK）でも客員教授に就任している。もうひとりの共著者ヨゥン・スラウィは、同じくESCAビジネス・スクール教授であるとともに、モロッコの民間銀行（Attijariwafa bank）のコンサルタント業務や二〇〇八年に設立されたシンクタンク（Institut Amadeus）の創設者のひとりでもある。

本書は、地中海世界の歴史、社会、生活様式、文化、そして近年の「アラブの春」にはじまるアラブ世界での政治変動の位置づけ、資源問題（水、エネルギー）から教育問題にいたる幅広いテーマを扱っており、地中海世界に馴染みの薄い日本の一般的な読者でも、地中海世界の全体像をとらえることができる構成となっている。本書のなかで繰り返されてきたように、地中海世界は、単一の文明圏ではなく、複数の文明圏が国家を超え、社会や文化を超えてモザイクのように入り交じり、長い歴史の淘汰を経て形成されてきた。そして、地中海の南北両岸に広がるヨーロッパ世界と中東・アフリカ世界の間で深く刻まれてきた「断絶」や「分断」は、現在も地中海世界が直面する極めて重要な課題として残存し続けている。本書の最大の特徴は、先進国と発展途上国の間の経済的、社会的な格差、多様な民族性ゆえの繰り返される衝突や紛争、偏在する天然資源を巡る攻防を地中海世界の地政学的な観点から描きだすことに成功した点にあるだろう。

二〇一〇年十二月、チュニジアで起こった青年ハメド・ブアジジの焼身自殺による抗議は、地中海世界だけではなく、世界中の人々に衝撃を与えることになった。チュニジアで長年にわたり抑圧を受け続けてきた民衆の心に燃えさかる炎をともすことになり、その影響は瞬く間にエジプトやリビア、その他のアラブ諸国へ飛び火していった。筆者が指摘しているように、北アフリカの小国であるチュニジアで起きた「アラブの春」は、「単に若者の抵抗運動として片づけることはできない。まして、体制への憤懣を、暴力を含めたあらゆる手段を通じて、長い間おこなってきたイスラム原理主義グループの行動とも違っていた。それは、「大衆に蔓延した苛立ち」の帰結であった」（本書七四頁）。そして、チュニジアを震源とした「苛立ち」は、「地域的叛乱のグローバル化」（本書八七頁）として瞬く間にアラブ世界に広がっていった。

「アラブの春」がおこる以前のチュニスの街は、活気に満ちたチュニジアの青年たちであふれており、目抜き通りのブルギバ通りを歩けば、すぐに人懐っこい性格の彼らと談笑することができた。アラブ世界のなかでも、とくにチュニジア人は、「自由」や「民主化」、「政党政治」には関心がないという「アラブの例外」を体現している国民だと誰もが疑わなかった。しかしながら、そのときからすでにチュニジアに住む若者の瞳の奥底には、一見するとチュニスの華やかな雰囲気からは想像もできない独裁政権による失望が渦巻いていたのかもしれない。街のいたるところでは、満面の笑みを浮かべるベンアリ大統領の肖像画が掲げられ、カフェやタクシーでの何気ない会話も、いつ秘密警察が聞きつけるかもしれないという恐怖と不安で、人々は押しつぶされそうになっていたのである。

そして、息詰まる生活を強いられてきた北アフリカの若者にとって、照りつける強烈な太陽に照らされる穏やかな地中海は、決死の覚悟をもたなければ越えることのできない「紺碧の壁」として立ちはだかっている。「アラブの春」以降、北アフリカおよび中東地域での政治経済的混乱のなかで、地中海を縦断して欧州大陸へ渡る不法移民が急増するとともに、シリアやイラクからギリシアに渡る難民の数も急増していった。本書では、イタリアのランペドゥーザ島へわたったチュニジア人は二〇一一年に二万一〇〇〇人と指摘しているが、二〇一五年の難民・不法移民者数は地中海全体で五三万人（うちイタリア一三万人、ギリシア四〇万）に急増しており、地中海での溺死者数は三五〇〇人以上とも言われている（UNHCRの発表）。ヨーロッパという「黄金郷《エルドラド》」にたどり着くことを夢見た多くの人々が、深い絶望のなかで次々と暗く冷たい地中海のなかに沈んでいるのである。

この地中海の縦断を試みる不法移民の問題は、今にはじまったことではない。著者ベンヒーダとスラウィはモロッコ人であるが、モロッコ北端に位置するタンジールは、欧州大陸への代表的な密入国経路で知られており、サハラ以南アフリカ出身の者も含めて毎年一〇万人以上がジブラルタル海峡越えやモロッコ北部にあるスペイン領飛び地のセウタやメリリャへ密入国を試みてきた地でもある。まさに本書で指摘されているように、「地中海両岸を切り裂いている亀裂は計り知れないほどに深く、その奥底では、豊かな北側諸国への羨望と嫉妬が渦巻いている」（本書一八頁）のである。

そして、タンジールを中心としたモロッコ北部は、「バルセロナ・プロセス」に基づく貿易自由化とEU（欧州投資銀行の借款を含む）から欧州企業の投資促進、モロッコの市場経済化に向けた金融支援が実施され、より労働コストが低い北アフリカ地域への製造拠点の移管や生産規模の拡大が図られている地域でもある。モロッコ政府は、タンジール周辺にいくつもの欧州輸出向けフリーゾーン（TF

Z）やコンテナターミナルを併設したタンジール地中海（Tanger Med）港を建設し、EUに垂直的に統合された生産基地を形成している。モロッコ国王のムハンマド六世は、「新しいマグレブ諸国の秩序の形成」のかけ声のもと、工業製品の輸出促進と観光国化を進めているが、単なる下請け製造をおこなう輸出加工区の開発やヨーロッパ観光客向けの大規模リゾート開発をおこなうのではなく、本書で例示されるエッサウィラのように、モロッコの歴史的遺産を活かした豊かな文化圏の形成こそが望まれる。

一九九五年十一月、EUと地中海の両地域から二七カ国が参加し、政治、経済、社会、文化、人的交流を通じたグローバルな協力関係の構築を目指したバルセロナ宣言が採択された。それから二〇年余りの歳月が経過した現在も、地中海世界では、「ガバナンスの低下、民主主義の破綻、停滞する経済、格差の拡大と若年層の高い失業問題など、多くの不安定要素が残されたままであるばかりか、あらたな紛争の勃発や紛争の潜在的リスクを抱えた中心地となりつつある」（本書一三二頁）。

将来の地中海世界が、他者に対する恐れを増幅させる触媒となることを回避し、繁栄を分かち合う理想的な共有地域となるためには、対立から和解、分断ではなく収斂、恐れではなく信頼に基づいた多様性を育みながらも、ひとつのまとまった地域共同体に向けた着実な歩みを進めることが必要である。現代の地中海世界は、まさに「文明の交差路」に差し掛かっていると言えよう。

本書の訳出にあたっては、遅々として進まない訳者のペースに辛抱強くお付き合いいただき、丁寧な原稿チェックをして下さった白水社編集部の小川弓枝氏に心からお礼を申し上げたい。また、上智大学の私市正年先生からは、訳出に関する様々なアドバイスをいただいた。この場を借りて感謝申し上げたい。最後に、訳出にあたっては妻（亜有）の理解と協力も不可欠であった。心から感謝している。

二〇一六年五月

吉田　敦

略記号一覧

AKP : Adalet ve Kalkınma Partisi
CEE : Central and Eastern Europe
ENP : European Neighbourhood Policy
GAP : Grand Anatolia Project
GWP : Global Water Partnership
INPES : Institut national de prévention et d'éducation pour la santé
MSP : Mediterranean Solar Plan
MTI : Mouvement de la Tendence Islamique
OME : Observatoire Méditerranéen de l'énergie
ONUDC : Office des Nations unies contre la drogue et le crime
PDO : Protected Designation of Origin
PEM : Partnariat euro-méditerranéen
PGI : Protected Geographical Indication
PME : Petites et Moyennes Entreprises
PTM : Pays tiers Méditerranéens
TPE : Très Petites Entreprises
UMA : Union du Maghreb Arab
UNEP : United Nations Environment Programme
UPM : Union pour la Méditerranée

参考文献

Balta Paul, *Méditerranée : défis et enjeux*, Paris, L'Harmattan, 2000.

Bessis Sophie, « Dix ans après Barcelone : état des lieux du partenariat euroméditerranéen », *Revue internationale et stratégique*, n° 59, automne 2005.

Borne Daniel, Scheibling Jacques, *La Méditerranée*, Paris, Hachette, « Carré géographie », 2002.

Boudan Christian, *Géopolitique du goût*, Paris, Puf, 2004.

Braudel Fernand, *La Méditerranée : l'espace et l'histoire*, Paris, Flammarion, 1985.〔フェルナン・ブローデル『地中海世界』神沢栄三訳，みすず書房，2000〕

Labrousse Alain, *L'Atlas mondial des drogues*, Paris, Puf, 1996.

Laurens Henry, « Comment l'Empire ottoman fut dépecé », *Le Monde diplomatique*, 2003.

Maïla Joseph, « Mare Nostrum », *Études*, 1997.

Margat Jean, Vallée Domitille, « Vision méditerranéenne sur l'eau, la population et l'environnement au XXIe siècle », Plan Bleu, 2000.

Mohsen-Finan Khadija (dir.), *Les Médias en Méditerranée : nouveaux médias, monde arabe et relations internationales*, Arles-Alger, Actes Sud-Barzakh, 2009.

Morin Edgar, « Matrice de cultures, zone de tempêtes. Mère Méditerranée », *Le Monde diplomatique*, août 1995.

Ramadan Tarik, *L'Islam et le réveil arabe*, Paris, Presses du Châtelet, 2011.

Tourret Jean-Claude, Wallaert Vincent, *Méditerranée 2030 : 4 scénarios pour les territoires méditerranéens*, Marseille, Institut de la Méditerranée, 2008.

Wilmet Sara, *La Culture, le parent pauvre du partenariat euroméditerranéen*, Université libre de Bruxelles, Éditions Luc Pire électronique, 2002-2003.

訳者略歴
吉田敦（よしだ　あつし）
千葉商科大学人間社会学部准教授、上智大学総合グローバル学部兼任講師。
専門は国際経済論、資源開発、アフリカ経済。
主な著訳書
『国際関係論へのファーストステップ』（共著、法律文化社）
『国際政治モノ語り――グローバル政治経済学入門』（共著、法律文化社）
『アルジェリアを知るための62章』（共著、明石書店）
『モロッコを知るための65章』（共著、明石書店）
ケネス・ポメランツ、スティーブン・トピック『グローバル経済の誕生――貿易が作り変えたこの世界』（共訳、筑摩書房）。

文庫クセジュ　Q 1007
文明の交差路としての地中海世界

2016年8月1日　印刷
2016年8月20日　発行
著　者　ブーシュラ・ラムゥニ・ベンヒーダ
　　　　ヨゥン・スラウィ
訳　者 © 吉田 敦
発行者　及川直志
印刷・製本　株式会社平河工業社
発行所　株式会社白水社
東京都千代田区神田小川町3の24
電話 営業部 03(3291)7811 / 編集部 03(3291)7821
振替 00190-5-33228
郵便番号 101-0052
http://www.hakusuisha.co.jp

乱丁・落丁本は，送料小社負担にてお取り替えいたします．
ISBN978-4-560-51007-0
Printed in Japan

文庫クセジュ

歴史・地理・民族（俗）学

62 ルネサンス
79 ナポレオン
133 十字軍
160 ラテン・アメリカ史
191 ルイ十四世
202 世界の農業地理
338 ロシア革命
351 ヨーロッパ文明史
382 海賊
412 アメリカの黒人
491 アステカ文明
530 森林の歴史
541 アメリカ合衆国の地理
590 中世ヨーロッパの生活
597 ヒマラヤ
604 テンプル騎士団
610 インカ文明
615 ファシズム
636 メジチ家の世紀
648 マヤ文明
664 新しい地理学
665 イスパノアメリカの征服
684 ガリカニスム
689 言語の地理学
713 古代エジプト
719 フランスの民族学
724 バルト三国
735 バスク人
747 ルーマニア史
752 オランダ史
760 ヨーロッパの民族学
766 ジャンヌ・ダルクの実像
767 ローマの古代都市
769 中国の外交
790 ベルギー史
810 闘牛への招待
812 ポエニ戦争
813 ヴェルサイユの歴史
814 ハンガリー
816 コルシカ島
819 戦時下のアルザス・ロレーヌ
828 クロアチア
831 クローヴィス
834 プランタジネット家の人びと
842 コモロ諸島
853 パリの歴史
856 インディヘニスモ
857 アルジェリア近現代史
858 ガンジーの実像
859 アレクサンドロス大王
861 多文化主義とは何か
864 百年戦争
865 ヴァイマル共和国
870 ビザンツ帝国史
872 アウグストゥスの世紀
876 悪魔の文化史
879 ジョージ王朝時代のイギリス
882 聖王ルイの世紀
883 皇帝ユスティニアヌス

文庫クセジュ

文庫クセジュ

哲学・心理学・宗教

文庫クセジュ

文庫クセジュ

語学・文学